职业院校课程改革实验教材

赢在"三创"

↘ 章亦华　主编

苏州大学出版社

图书在版编目(CIP)数据

赢在"三创"/章亦华主编. —苏州：苏州大学出版社，2011.6(2022.12重印)
职业院校课程改革实验教材
ISBN 978-7-81137-699-9

Ⅰ.①赢… Ⅱ.①章… Ⅲ.①中等专业学校—教学研究 Ⅳ.①G718.3

中国版本图书馆 CIP 数据核字(2011)第 121529 号

赢在"三创"
章亦华　主编
责任编辑　刘一霖

苏州大学出版社出版发行
(地址：苏州市十梓街1号　邮编：215006)
广东虎彩云印刷有限公司印装
(地址：东莞市虎门镇黄村社区厚虎路20号C幢一楼　邮编：523898)

开本 787 mm×1 092 mm　1/16　印张 13.5　字数 332 千
2011 年 6 月第 1 版　2022 年 12 月第 7 次印刷
ISBN 978-7-81137-699-9　定价：36.00 元

苏州大学版图书若有印装错误，本社负责调换
苏州大学出版社营销部　电话：0512-67481020
苏州大学出版社网址　http://www.sudapress.com

《赢在"三创"》编委会名单

主 编　章亦华
编 委　王乃国　章亦华　吕中起
　　　　王顺华　沈红雷　郑玲花
　　　　蒋　祎　戴　勤　潘乃烨
　　　　王　凯　李政洋

前 言……

创优、创新、创业的"三创"精神是新时期江苏精神,是社会主义核心价值体系的重要组成部分。其辐射到中等职业教育领域,表现为中等职业学校的"三创"教育与实践。

从2007年起,江苏省在全国率先开展了以"三创"为标准的中等职业学校优秀学生评选表彰工作;大力实施职业教育创业行动工程,推进创业实践教育;举办职业教育专业技能和技术创新大赛,推进创新实践教育等,推进了中等职业学校的教育教学改革,促进了师生的素养提升和个性发展。然而,"三创"教育与实践还缺乏理论支撑和技术指导,缺乏系统学习、及早规划和长期实践,缺乏全体师生的共同参与。

"三创"教育的目的是让全体师生深入了解和掌握"三创"的精神实质和相关技术,树立正确的"三创"观念和理想,开发和提高"三创"素养和能力;将"三创"教育的具体实践——"学会创优""学会创业"和"学会发明"列为学校的特色教育,使之成为全体师生常年坚持的特色活动,使学校成为"三创"的精神乐园,使全体师生都能成人、成才、成功。

职业学校学生进校之初不仅是生涯规划的关键期、学业规划的关键期,更是"三创"规划的全新开始。为此,我们开展了中等职业学校"三创"教育与实践的初步研究,自编了《赢在"三创"》校本教材,并在苏州工业园区工业技术学校2009、2010级中专班第一学期的教学中试点。同时强调与德育课程《生活经济与就业创业》相结合,实现在教学内容和教学方法上的优势互补;强调与学校德育工作相结合,充实和拓展德育渠道;强调与文化课和所学专业教学相结合,整体构建教学资源;强调从点滴做起,长期坚持,通过自己的主动学习和自觉实践提升素养,最终实现自己的"三创"和人生目标。

本教材是集体智慧的结晶。编写工作得到了苏州工业园区工业技术学校校长王乃国的大力支持;编写组提出课程标准后,学术委员会进行了审核;章亦华编写了创优篇,沈红雷、郑玲花、蒋祎、李政洋、吕中起编写了创新篇,戴勤、潘乃烨、蒋祎、郑玲花、王凯、章亦华编写了创业篇,并由章亦华进行了统稿和审稿。在创新篇的编写中,我们还得到了江苏省发明协会会员、江苏省发明协会理事、全国优秀科技辅导员张家生老师的指导和帮助,同时编写了由省教育厅和省发明家协会领导题词的配套教材《创新教育读本——专利检索与专利改进》，并由苏州大学出版社正式出版。

我们在总结经验的基础上，对教材再次进行了修改，并予以出版，奉献给广大职业教育界的同行和朋友。本教材在编写过程中参考了有关著作和研究成果，因篇幅有限，未能一一注明出处，谨向原作者表示衷心感谢。

由于编者水平有限，加上时间仓促，疏漏和不妥之处，敬请领导、专家和师生批评指正。

本课程开发小组

2011 年 3 月

目 录

课程介绍 ·· 1
    一、课程背景 /1
    二、课程目标 /5
    三、教学方法 /5
    四、课程评价 /7

创优篇 ·· 8
  话题一　认识创优品质 /11
    一、创优与品德 /11
    二、创优与能力 /12
    三、创优与身心 /13

  话题二　制定创优规划 /15
    一、了解创优形势 /15
    二、分析自身实际 /16
    三、制定创优规划 /17

  话题三　践行创优行动 /18
    一、要从点滴做起 /19
    二、贵在长期坚持 /20
    三、滚动调整规划 /21

创新篇 ·· 23
  模块一　树立创新意识 /23
    话题一　创新基础知识 /23
      一、创新人人可为 /23
      二、创新始于意识 /27

话题二　创新基本素养 /29
　　一、创新素养内涵 /29
　　二、提升创新素养 /31

模块二　训练创新思维 /34
话题一　扩散、收敛思维训练 /34
　　一、扩散思维训练 /34
　　二、收敛思维训练 /36
　　三、扩散思维和收敛思维 /38

话题二　想象、联想思维训练 /39
　　一、想象思维训练 /39
　　二、联想思维训练 /40
　　三、想象思维和联想思维 /42

模块三　掌握发明技法 /44
话题一　确定发明课题 /44
　　一、掌握选题原则 /44
　　二、确定选题方向 /48

话题二　掌握发明技法 /52
　　一、列举、组合法 /52
　　二、联想、类比法 /59
　　三、代换、设问法 /65
　　四、逆向、激励法 /71

话题三　申报知识产权 /76
　　一、专利并不深奥 /76
　　二、申请专利须知 /78
　　三、专利保护方法 /84

话题四　检索发明专利 /86
　　　一、检索专利资源 /86
　　　二、检索专利步骤 /86
　　　三、检索注意要点 /91

　　话题五　尝试创新发明 /98
　　　一、目标要求 /98
　　　二、教学环境 /98
　　　三、教学过程 /99
　　　四、成绩评定 /99

创业篇 ······················· 100

模块一　把握创业机遇 /100
　　话题一　分析创业机遇 /100
　　　一、树立创业意识 /100
　　　二、了解创业政策 /102
　　　三、发现创业机遇 /104

　　话题二　培养创业品质 /108
　　　一、团结合作品质 /108
　　　二、坚持不懈品质 /110
　　　三、承担风险品质 /111

模块二　学会创业技巧 /113
　　话题一　企业管理技巧 /113
　　　一、掌握管理知识 /113
　　　二、提升管理水平 /120

话题二 市场营销技巧 /129
　　一、掌握营销概念 /129
　　二、抓住营销要素 /131
　　三、实施营销策略 /132

模块三 拟定创业方案 /135
话题一 创业市场调查 /135
　　一、市场调查内容 /135
　　二、市场调查方法 /139
话题二 拟定创业方案 /140
　　一、创业方案意义 /140
　　二、创业方案内容 /141
　　三、创业方案原则 /144
　　四、创业方案要点 /146

模块四 开展创业实践 /148
话题一 校内创业实践 /148
　　一、校内创业模式 /148
　　二、校内创业运作 /152
话题二 校外创业实践 /153
　　一、创业实践演练 /153
　　二、采购销售实践 /156
　　三、员工管理实践 /159

课程总结 162

　　一、总结意义 /162
　　二、指导思想 /162

三、基本方法 /163

　　四、评价建议 /163

附录一：省教育厅、团省委关于评选 2011 年职业学校省级"三创"优秀学生、优秀学生干部和先进班集体的通知 /165

附录二：教育部办公厅、中央文明办秘书组、共青团中央办公厅、中华职业教育社关于组织开展第七届全国中等职业学校"文明风采"竞赛活动的通知 /168

附录三：省教育厅、省文明办、团省委关于开展第二届江苏省中等职业学校"文明风采"大赛暨组织参加第七届全国大赛的通知 /177

附录四：省教育厅关于举办 2011 年江苏省职业学校技能大赛的通知 /180

附录五：省教育厅、省科协、省文明办、团省委、省知识产权局关于举办 2010 年江苏省职业教育创新大赛的通知 /183

附录六：省教育厅关于实施江苏省职业教育创业行动工程的意见 /198

课程介绍

一、课程背景

背景

> **"三创"优秀学生评选**
>
> 　　为了使所有职业学校的学生都能成人、成才、成功,培养更多的创优、创新、创业的新一代江苏人,实现江苏职业教育做优做强做特、又好又快发展的目标,努力使全省所有的职业学校都能成为创优、创新、创业的乐园,从2007年开始,江苏省改革沿用多年的普通中学"三好"学生评选表彰标准,在全国率先开展了以"三创"为标准的中等职业学校优秀学生评选表彰工作,促进职校生的全面发展。
>
> 　　创优。品质优秀:热爱祖国、热爱人民;遵纪守法、诚实守信;关心集体、团结同学;具有良好的公民道德和高尚的职业道德意识。成绩优良:熟练掌握本专业的知识和技能,积极参与社会实践活动且成绩良好。身心健康:积极参加各项文体活动,具有健康的身体和良好的心理素质。
>
> 　　创新。富有主人翁精神和社会责任感,具有牢固的专业思想和较强的创新意识,勤学敏思,在社会实践活动和各类技能竞赛、创新活动中表现突出。
>
> 　　创业。富有开拓精神,勇于探索实践,有较强的创业意识,自觉学习和了解创业知识,积极参与学校组织的各类创业实践活动,或有自身创业经历,表现突出。

启示

　　"三创"优秀学生的评选进一步突出了职业教育的特色和职校生的特长,着力加强职业学校学生综合素质的培养,把职业素养、专业技能和实践能力摆在更加突出的位置,引导更多的学生将更多的精力投入学习、投入实践、投入创造;树立了一批创高技能、创业实践、创造制作、创优素质的先进典型,形成了江苏职教领域素质教育的新亮点。

本课程是按照江苏省中等职业学校"三创"工作的新要求所开发出的新课程,可列为德育课程的补充或通识教育课程,也可作为创新、创业教育与实践活动的课外教材。

"三创"(创优、创新、创业)是新的江苏精神,是一个不可分割的整体,但它们也有着各自的核心要求。弘扬创优精神,就是要使争先进、勇于攀登、争创一流成为江苏思想文化的显著特征,鼓励、引导和支持岗位创优、行业创优、区域创优,形成各个劳动者创优争先、各个单位励精图治、各个地区竞相发展的生动格局。弘扬创新精神,就是要使思想解放、敢干敢变、与时俱进成为江苏思想文化的显著特征,鼓励、引导和支持制度创新、科技创新、管理创新、产品创新,形成用新观念研究新情况、用新思路落实新任务、用新办法解决新问题、用新举措开创新局面的生动景象。弘扬创业精神,就是要使艰苦创业、自主创业、全民创业成为江苏思想文化的显著特征,鼓励、引导和支持百姓创家业、能人创企业、干部创事业,形成家业殷实、企业兴旺、事业发达的生动局面。

本课程的任务是引导学生树立正确的"三创"观念和"三创"理想,学会根据社会需要和自身特点进行"三创"规划和实践,为顺利就业、创业营造更加有利的条件。

(一)创优教育

创优教育就是让学生明确优秀学生的标准是什么,优秀学生所具有的品质有哪些,如何引导、教育、培养学生成为优秀学生。而现在的创优教育往往很少触及它的深处,缺少系统的分析与研究、改革与完善,尤其是优秀学生的标准也是不系统、不完整的,缺少时代性和针对性。

一提到优秀学生,很多人一定会马上想到"三好生"。应该说,"三好"的标准在一段时期是具有科学性、针对性的,它在中小学评选优秀学生,激励、促进青少年的健康成长方面起到了积极的作用。但是,"三好"标准在长期执行过程中逐渐发生了偏差,也与新时代逐渐发生了碰撞。

随着教育事业和社会的发展,"素质教育""全面发展""新三好""多好"等评选优秀学生的标准和引导、教育、培养的途径也在与时俱进,这不但具有积极的现实意义,而且具有深远的战略意义。

有资料将优秀学生的标准表述为:"有组织协作能力,注意力集中,热爱学习,坚持性强,反应性强,应对挑战能力强,有敏感性,有较好的口头表达能力,思维活跃,思想灵活,有独创性,有想象力,兴趣广泛,关心集体,情绪稳定,有好奇心。"阅读后可以发现,"标准"中并没有成绩好、分数高等,但一个学生只要与这些"标准"符合的地方越多,就越优秀,当然,学业成绩也会越优秀。

对职业学校的学生来说,我们可以将"三好""素质教育""全面发展""新三好""多好"等评选优秀学生的标准作为学生们学习的榜样,作为我们在教育教学工作中的参照。但我们不能机械地照搬照套以上这些所谓的标准,应该创立符合职业学校学生实际的、具有现代职业学校教育教学特点的、体现专业和职业岗位特色的优秀学生的标准,探索和实施引导、教育、培养优秀学生的方法与途径,在"老三好"变成"新三好"和"多好"、"全面发展"变成"全面发展目标下的个性发展"、"结果评价"变成"过程与结果评价"、"单元评价"变成"多元评价"、"少部分学生优"变成"大多数学生优"等方面进行针对性的研究与实践。

当前,"三创"就是职业学校比较合适的创优教育。如果我们能理解好"三创",研究好"三创",实践好"三创",就能让每个职业学校的学生认识自己、创造自己、成就自己,就是最好的创优教育。

(二)创新教育

创新教育和创造教育有着相同或相近的含义,是旨在培养创新性人才或创造性人才的教育。

据资料,美国学者奥斯汀于1949年开设的创造工程课,以及他撰写的《思考的方法》可被认为是创新教育的起源。1948年,美国麻省理工学院首次开设了创造工程课。自此,创新教育正式进入了高等学府的殿堂,并最终发展成为一门引人注目的新兴机遇学科。之后,美国正式成立了创造教育基金会,许多著名大学设立了创造教育研究机构。

第二次世界大战后,日本教育界、科技界在"立足于国内,开发智力,创造新技术,发展新产品,保持竞争优势"口号的基础上,达成了对创造教育重要性的共识,极大地促进了经济的高速发展。从政府到民间对创造教育极为重视,将每年的4月18日定为"发明节",大部分城市建立了星期日发明学校,教师由研究发明创造的专家担任,还邀请专利厅的审查官等著名人士指导、讲授创造发明的方法及专利知识,在日本享有很高的声誉。

英国、法国、德国、西班牙、加拿大等国家也十分重视创造教育,尤其在当前激烈的国际竞争中,各国都将创造教育和培养创造性人才当做具有深远意义的战略措施予以高度重视。

在我国,由于历史的原因,现代创造工程学理论传入得比较晚。近代教育史上,具有代表性的著名教育家陶行知先生不仅深刻地批判了腐朽的、僵化的、扼杀创造性教育的封建教育,认为封建教育培养出来的人大多是"读死书、死读书、读书死"的没有创造能力的"书呆子""蛀书虫""废人",而且旗帜鲜明地提出了为人民大众服务的、创造"新中国""新世界""新儿童"的创造教育。陶行知先生将"创造"看做人生的真谛,把培养创造力作为教育的宗旨。他笃信每一个人都有创造能力,极力主张开发和培养人民大众和儿童的创造力,提出了"解放儿童的创造力"的"六大解放",即解放儿童的眼睛、双手、头脑、嘴巴、空间和时间;提出了"行是知之始,知是行之成""行动是老子,知识是儿子,创造是孙子""处处是创造之地,时时是创造之时,事事是创造之机,人人是创造之人"等大量的创造教育名言与观点。他的创造教育思想和理论在今天仍有很强的现实意义,在我国现代教育史上写下了光辉的一页。遗憾的是,解放后相当长的一段时期内,尤其是"文革"期间,陶行知先生的创造教育思想并没有得到发扬光大。

改革开放后,创新教育在我国得到重视并取得丰硕成果。党的十七大把提高自主创新能力、建设创新型国家作为国家发展战略的核心,作为提高综合国力的关键。时至今日,人们对创新的重要性的认识越来越深刻。可以说,创新无处不在,创新是我们这个时代的主旋律。

人类文明发展的动力是创新,知识经济的灵魂是创新,科学的本质是创新……创新的主体是企业,作为直接为企业培养新生力量的职业教育更应积极开展创新型学生的教育和训练,培养学生的创新意识、创新思维、创新方法,形成创新本领和创新习惯,推动创新型省份建设。

从 2007 年起，江苏省教育厅举办江苏省职业教育技术创新大赛，围绕生产的、生活的、身边的技术进行技术产品改造、制作和创新，普遍增强了创新意识、创造能力并取得了一批创新成果，以此带动了职业学校学生的发现、发明和创新，培养了学生的创新意识、创新思维、创新方法，形成了创新本领和创新习惯。比赛的开展在全省百万职校学生中掀起了学技术、练技术、用技术、创技术的新高潮。创新教育在职业学校可谓方兴未艾，前程远大。

（三）创业教育

创业是指创立基业或创办事业，也就是自主地开拓和创造业绩与成就。创业有广义和狭义之分。广义的创业是指创业者的各项创业实践活动，其功能指向国家、集体和群体的大业；狭义的创业是指产业者的生产经营活动，主要是开创个体和家庭的小业。

1989 年，联合国教科文组织首次提出"创业教育"这一概念，又称"第三本教育护照"，把创业能力提高到与文化知识证书、职业技能证书同等重要的地位。自此，培养创业精神和创业技能，使青年学生不仅成为求职者，而且成为工作岗位的创造者和职业的创造者，已成为 21 世纪世界各国人才培养的重要理念。

目前，西方发达国家已经形成了比较完备的创业教育结构体系。美国的创业教育已经纳入到国民教育体系之中，涵盖了从小学到研究生的正规教育；英国、法国、日本等也都在不同范围内积极推进创业教育。

新加坡是亚太地区进行创业教育较早且较成功的地区，创业教育是新加坡教育体系中的重要组成部分。1997 年亚洲金融风暴后，新加坡积极采取扶持和促进本地企业特别是中小企业的应变之策，采取一系列举措鼓励创业活动。教育界也积极研究推进创业教育，通过"虚拟股份"之类的游戏寓教于乐，培养小学生的商业意识；通过引入管理企业的普及性知识课程等措施，加强中学生的创业教育；通过面向本科生开设创业辅助专业，面向研究生开设创业运筹、创业融资、商业计划的实施、企业成长管理、可持续领导力与战略创新等学位课程，与科技园区互动进行实践教育等，推进大学生的创业教育；通过面向社会人员开展创业培训，推进社会的创业教育。

我国推行创业教育的时间还不长。1999 年，国务院批转教育部《面向 21 世纪教育振兴行动计划》，首次明确提出"加强对教师和学生的创业教育"。自 1994 年起，联合国教科文职教国际合作项目（UNEVOC）将小企业创业技能课程开发作为面向 21 世纪的三个重点项目之一，与我国共同编制了课程大纲和实施计划；1997 年，我国结合国际项目又提出了在国内开展创业教育实验的计划，江苏省、湖南省、北京市、青岛市等均编写了创业教育教材，全面开展教学活动，取得了一定的实效。

2006 年，江苏省教育厅启动实施职业教育创业行动工程，全面深化职业学校创业教育，鼓励、扶持在校生创业，推进创业知识教育向创业实践转变。各地各校以项目为先导，搞实验试点，建立了在校生创业基地、创业园，取得了初步成效。泰州市教育局与北京光华慈善基金会合作，引进美国国家创业指导基金会（NFTE）创业课程，行政推动、面上推广，也取得了初步成效。省教育厅还委托省职教学会举办了江苏省 NFTE 创业教育师资培训班，进一步推动职业学校创业教育向深度开展。

就业是民生之本,创业是民富之路。实践证明,创业是经济发展的主要动力,是技术创新的主要实现形式,是解决就业问题的重要手段。创业是高水平的就业,能使学生展现能力,超越自我;创业可以帮助他人就业,为社会提供更多的就业岗位;创业有利于填补社会服务的空白领域,加快社会进步。创业教育的开展也有力地促动了职业学校教学改革,促进职业教育扩大就业面,提升竞争力,符合当前的国情和时代的需要。从某种意义上来讲,职校生只有学会创业,才能实现处处有创业渠道、时时有创业机会、人人有创业才干的目标。

创业教育的基本目标是培养学生的创业基本素养,主要包括树立创业意识,培养创业精神,提高创业能力,提升创业心理品质。要进一步解放思想,破除"职校学生不能创业""创业就是办大企业""学生就业好不需要创业""学生创业要等工作以后才行"等思维定势,通过学科课程、活动课程、环境课程和创业实践活动等方式和途径,不断深化创业教育,树立创业理念,开发创业课程,孵化创业项目,建设创业载体,开展创业实践。我们相信,创业教育的目标和任务定会在职业学校逐步得到实施和落实。

二、课程目标

通过课程教学,感受江苏省以"三创"精神为代表的思想文化和历史使命,增强"三创"的责任感和自觉性。通过以"管用、够用、会用、通用"为主旨和特征的实践导向型课程,开发和提高学生的"三创"素质和能力,充分培养"三创"人格特征与心理素质,做好适应社会、融入社会和就业、创业、创新的准备,实现"做人"与"做事"、"会学习"与"会做事"的高度统一,使他们拥有自信、自尊、自立的人生。

在知识目标方面,要领会、理解、掌握和运用"三创"课程所涉及的核心知识点。

在技能目标方面,能够运用核心知识点去解决实际问题,具体是:识别和评估创新、创业市场机会,制订有效的创优、创新、创业计划书,检索和获取创优、创新、创业的各种资源,学会创新、创业组织管理等能力。

在情感目标方面,培养"三创"所具有的剖析自我、诚实守信、团结合作、吃苦耐劳、机智灵活、敢于面对挫折等人格特征,实现知识、技能和情感的协调发展。

三、教学方法

(一)教学方法

1. 教学内容注重实用性

课程不强调深奥的理论,只强调具体、实用的"三创"知识;不强调知识的系统性,只强调是否真正加以运用。

2. 教学过程注重学习感受和实际效果

强调主动学习,实质性地参与教学活动,倡导提供给学生更多的实践机会与表现空间,鼓励学生大胆地质疑与探究,鼓励不同观念的争鸣,在学习的过程中强调师生之间更多的互动交流。

3. 采取灵活多样的教学方法

教学方法没有固定的套式,取得理想教学效果的模式和方法就是好模式、好方法。要把课堂的话语权还给学生,把书本知识还原现实生活,把解决问题的钥匙交给全体学生去探究,多练习、多讨论、多实践,鼓励学生收集相关教学资源进行二次讨论。

4. 与学科、专业教学结合

立足所学专业,与"三创"相结合,进行专业梳理,明晰创业、创新性强的专业,围绕创业、创新要求,整体构建学习课程,增加有关创业、创新的上下游延伸性课程和教学内容,并充实到专业教学中。

5. 与德育课程和德育工作相结合

要结合《社会经济与就业创业》等德育课程的教学,实现在教学内容和教学方法上的优势互补。要结合德育工作,渗透"三创"教育和实践,充实和拓展德育教育渠道,取得德育教育实效。

（二）实践活动

课程实践活动是课堂教学的延伸、教学效果深化的手段。课程的实践体系应从以下几个方面建构:

（1）在实践活动的组织机构方面,学校应指定相关部门负责好创优、创新、创业教育与活动的宏观组织调控,使"三创"教育与实践有人想、有人做、有人管。

（2）在实践活动的主题和形式拟定方面要灵活多样,坚持做中学、学中做,贴近学生所求,体现学生所能,比如社会服务、参观访问、模拟演练、小组讨论、主题辩论、角色扮演等。要结合本校的专业教育、实训教学和生活服务资源,扶持一批学生或团体在校开展无成本、低成本、小风险、立足实际生活的创业实践,树立在校学生创业实践的典型、标兵。为学生提供无息创业基金,或争取企业捐赠学生创业资金,资助学生的创业实践。多数实践内容应安排在班会、实训、实习或课余、假期进行,也可以直接安排在课堂教学中。

（3）在实践活动的拓展方面,要定期、不定期举办自上而下、不同级别、不同规模的"三创"竞赛,尤其是要积极组织师生参与江苏省职业教育创新大赛、江苏省青少年科技创新大赛、全国青少年科技创新大赛和全国小发明家训练营活动等,积极推荐优秀发明方案申请国家专利,以此带动学生的发现、发明和创新,培养学生的创新意识、创新思维、创新方法,形成创新本领和创新习惯。

四、课程评价

（一）评价原则

课程的教学评价方案是课程改革和教学改革的前提,也是引导教师教和学生学的重要指挥棒。应该组织任课教师认真研究,科学制定,改革创新,注重实际的评价效果,学前向学生公布。课程不追求概念的背诵和牢记,注重激发学生的"三创"火花。评价要以鼓励为主,看到和发现学生进步,注重实际的评价效果;要让学生参与评价,与教师互动。

（二）评价方式

评价方案取消期中、期末考试,要以培养和提升观察能力、解决问题能力为目标,注意记录教学和评价全过程;所记录的合理的、有机的成绩综合就是课程总评成绩的主要部分。教学过程的形成性评价,如一堂课每位学生的参与度,是课程教学评价的重要指标。课外作业、调查报告、方案设计、实践活动等大作业和评价方案应统一要求和标准。

（三）评价标准

要从"三创"的三个方面去实施评价:要改革优秀学生评价标准,进一步突出职业教育特征和职校生特点,可以"三创优秀学生"和"职教之星"评选引导更多的学生将更多的精力投入学习、投入实践、投入创造,培育出一批高素质、有特长、有进步的学生。在创新、创业方面,要特别注重把各模块实践成果作为主要评价依据,注重创业、创新方法的实际应用和综合实践成果。

学生的学业成绩主要由平时上课和"三创"成绩组成,如学生无旷课、上课纪律较好,可得基本分。在此基础上,可根据学生一学期内在"三创"方面取得的成绩进行相应加分,得出最后成绩。项目的加分可由相关部门、任课教师或班主任出具证明或凭相关获奖证书至任课教师处进行登记。

首次教学要求学生填写一份个人情况调查问卷,以便了解学生对学习的需求和对这门课程的期望。定期对学生发放随堂教学质量调查问卷,及时反馈意见和建议。课程学习结束要召开一次会议,进行总结和颁奖,学生要循环致谢。

 互动教学

1. 填写一份个人情况调查问卷,以便了解学生对学习的需求和对这门课程的期望。
2. 上网查询创优、创新、创业方面的资料,以小组为单位,畅谈对教学资源的选择和教学方法的建议和意见,并交课代表汇总,让教师能有一个倾听的机会!

创优篇

教学目标

了解创优的意义和新内涵，掌握创优的品质，树立正确的创优观，了解创优的基本方法和主要途径，做好创优的思想和心理准备，拟定自身创优的具体规划。

教学要求

认知：了解创优形势，掌握创优所要求的品质优秀、成绩优良、身心健康的具体目标。

情感态度观念：初步形成创优意识，形成努力创优的良好态度，确立正确的创优观。

运用：修改、完善自身创优发展目标和发展台阶，针对自己与创优标准的差距，结合生涯发展规划制定创优措施，落实创优行动。

 案例1

北京将"三好"变"多好"

从2002年1月份起，北京市教委出台的"新三好"学生评定办法，替代了从1954年开始的沿用了46年的评选"三好"学生的标准。新标准注重对学生综合能力的考查，除了学习成绩、品德、体育外，将心理健康、社会适应能力、创新精神、公德意识、环保意识、实践能力等都纳入考核范围，并将对候选人进行为期两天的公示，每一个学生都可以自我推荐。

一位学习成绩一般、从来没有被评上过"三好"学生的孩子，却一直默默地为集体作贡献，每天早到，打扫卫生。"这个学期我让她做劳动委员，她学习很带劲，进步也快，被选为'三好'学生。学习成绩不应该是评判一个孩子是否优秀的唯一标准。"一位班主任深有感触地说。

 启示

新标准将"三好"变成了"多好"，是想努力引导学生和学校注重人的全面发展，改革目前评定中存在的个别学校只看学习成绩、学生参与积极性不高等问题。在新的标准里，虽然很多指标不能量化，但是新的标准会给学生树立新的"好学生"概念。

案例2

"新三好"创新评选方法

2005年春季，武汉市教育局用"好公民、好学生、好孩子"三个方面对学生进行考核评价，取代了传统的"德、智、体"的"旧三好"标准。"好公民"包含爱国情感、社会责任、社会公德、社会实践，其中除了爱国、诚信、关心周围的人、爱护环境、参加"创新素质实践行"外，还要文明上网，慎交网友，不进营业性网吧等。"好学生"包含学习习惯、团队精神、行为规范、身心健康，具体的还有穿着合适、会自我保护、珍惜自己的名誉等。"好子女"（小学生则为"好孩子"）则包含孝亲敬长、自我服务等，其中除了孝敬父母、放学按时回家外，还有不能攀比、乱花钱。

传统"三好"学生评选只是学校的事情，能否评上完全取决于学生在学校的表现。"新三好"学生的评选强调家庭和社区德育环境的营造，"好子女"和"好公民"的评选都要家长和社区推荐。

 启示

"新三好"让学生用新标准来衡量自己、鞭策自己，是学生全面、全程发展的法宝。同时，它改变了教师单方面评价学生的方式，加入了学生自评、家长和社区评价，实现了校内与社会、个体与集体、学校与家长、班主任与任课老师相结合的综合评价，充分发挥学生在评价活动中的主观能动性及自我教育的作用，开创了真正意义上学校、家庭、社会三位一体育人的新局面。

案例3

ITS评优的创新与成果

苏州工业园区工业技术学校（ITS）深深感到，目前的学生评优往往只是针对少数人的评选，也过分重视"全面发展"，忽略了对多数学生的激励。因此，他们在评选"三创"优秀学生的同时，设置了一些"个性奖"，评选各种"职教之星"——奉献之星、工作之星、学习之星、技能之星、创新之星、创业之星、劳动之星、体育之星、艺术之星、进步之星、共青之星、合作之星、自强之星、环保之星等。只要学生某一方面表现突出，就可以自主申报，参加"职教之星"的评选。他们还特别注重过程的评价，增设了"月度优秀学生"的评选，每月表彰各班级在任何方面表现突出、得到大家公认的学生，拍成照片，放大事迹，予以公示，激励了大多数学生创优的热情。

 启示

职业学校应该重视学生职业素养的提升，社会适应能力、创新精神、环保意识、实践能力等都应当是考量项目。评定学生优秀的标准应该随着时代的变化、学生的实际和学校的特点而改进与完善,既重视个体差异,又重视个体努力的评价体系才是科学的。优秀的学生需要适合他们的评价,应该建立一种多元、多面的评价体制,并打破传统的名额限制,让更多的学生享受表彰之乐、成功之乐。

知识点

创优中的"优"就是品质优秀、成绩优良、身心健康;创优中的"优"就是创业有实践、创新有成绩、技能有特长。我们当然希望学生在品德、成绩、身心各方面全面发展,希望在创业、创新、技能等各方面齐头并进,达到"三创"的要求和目标。但我们也应该认为,只要学生在某方面达标、突出,也是"优"。

许多优秀学生和成功人士的事迹可以成为我们的榜样,但往往是不可完全复制的。每个人所处的时代、环境、机遇、努力、身心等都不尽相同,每个人都是独立的个体,都是独一无二的。与此同时,如果我们要求用一种模式去限制原本是丰富多彩、各具特征的个人的发展,就意味着我们对某些个体的不公正。因此,只要学生能瞄准优的标准和榜样,落实行动,认识自我,创造自我,就一定能成就一个优秀和成功的自我。

我们可以在平时细细观察,即使看来驽钝的人,也有他杰出的一面。如果一个学生没遇上好老师、好家长、好伯乐,没关系!不要抱怨!可以假设自己是好伯乐,从自己身上发现各种优点,然后夸赞自己、鼓励自己、肯定自己、发挥自己、完成自己!这时自己会发现,会惊讶,甚至不信自己有这才能,经过分析,自己会开始接受、开始发挥、渐出成绩,于是有了更强的信心。每个学生都要相信,自己拥有一份天才,只是它藏在某个角落,等着父母、老师或者自己把它发掘出来。藏在身上的宝藏,首先当然该由自己发掘。

话题一　认识创优品质

一、创优与品德

案例

"诚信"的故事

一位顾客走进一家汽车维修店，自称是某运输公司的汽车司机。"在我的账单上多写点零件，我回公司报销后，有你一份好处。"他对店主说。但店主拒绝了这样的要求。顾客纠缠说："我的生意不算小，会常来的，你肯定能赚很多钱！"店主告诉他，这事无论如何也不会做。顾客气急败坏地嚷道："谁都会这么干的，我看你是太傻了。"店主火了，他要那个顾客马上离开，到别处谈这种生意去。这时顾客露出微笑并满怀敬佩地握住店主的手："我就是那家运输公司的老板，我一直在寻找一个固定的、信得过的维修店，你还让我到哪里去谈这笔生意呢？"

启示

面对诱惑，不怦然心动，不为其所惑，这是一种闪光的品格——诚信。现在很多商家都在强调"诚信"经营。推而广之，做任何事情必须讲究职业道德，这是一个人的立身之本。如果没有职业道德，对于个人来讲，任何事情都很难做好；对于企业来说，也是难以持久的。"有德有才则重点使用，有德无才则培养使用，无德有才则弃之不用。"这代表了很多企业的用人理念。一份对企业的调查研究发现，在被企业辞退的中职学生中，有50%以上不是因为技能原因，而是因为做人方面的因素。

知识点

要创优，首先需要育德。

德就是道德，是人们共同生活及其行为的准则和规范。它包括社会公德（文明礼貌、助人为乐、爱护公物、保护环境、遵纪守法）、职业道德（爱岗敬业、诚实守信、办事公道、服务群众、奉献社会）、家庭美德（尊老爱幼、男女平等、夫妻和睦、勤俭持家、邻里团结）和个人品德（正直善良、刻苦勤奋、自强自立、克己奉公、见义勇为)。

而建立在社会公德、家庭美德和个人品德上的职业道德，正是职业学校德育的核心内容。职业道德是特定职业领域的劳动者须自觉遵守的行为准则，并以此来规范自己的言行，保障职业的正常发展。如"救死扶伤、治病救人"是医生的基本职业道德，"为人师表、教书育人"是教师的基本职业道德……职业道德能保障职业的健康发展，能促使从业者追求职业美的境界，能保障职业行业的共同利益，使其持续发展。

无论哪个行业和领域，虽然各类职业道德的特色不一样，其表述和具体内容也有不同，但其职业道德的精神实质都是一致的，核心也都是一致的，职业道德的核心结构带有普遍性和普适性。"敬业"是职业道德的核心结构之一。职业是一个人终生赖以获取生活来源的工作，通俗地说，你对它的爱有多深，它对你的回报就有多厚。敬业，就需要尽责、尽心、尽力、尽忠尽瘁；就需要尊重职业，热爱职业。"精业"是职业道德的核心结构之二。精业，就需要谦虚好学，需要奉献，需要创新。"艰苦创业"是职业道德的核心结构之三。艰苦创业，就需要以勤劳节俭为基础，不畏困难，能经受一次又一次挫折的挑战，具有很强的道德意志。

对中等职业学校的学生而言，要在理解和掌握职业道德"敬业""精业""艰苦创业"三个精神实质和核心结构的基础上，结合所学专业、行业的职业道德的具体标准和要求，有针对性地开展个性品德和行为规范的训练和养成，奠定就业、创业之基。

二、创优与能力

案例

他"钻"出了一片技术"新天地"

他属于这片天地，全厂2500名职工，有人不认识董事长，但没有人不认识他这位整天与机器做伴、被公司特聘为主任工程师、月薪万元的"邓工"。他从一名普通中专毕业生成长为新世纪全国首批7个"能工巧匠"之一，他就是年仅36岁的常州黑牡丹集团一线工人邓建军。在邓建军的工作台上放着厚厚一叠笔记本，上面密密麻麻地记录着他多年来消化洋设备、技术创新的资料和心得，总计达20多万字，有很高的实用价值，成为工友们的"活辞典"。"有问题，找邓工"成了厂里工人们的口头禅。工人们爱找邓建军修机器，不仅因为他"态度好""随叫随到"，更因为他"技术棒"。刻苦钻研，在实践中学习，在学习中创新，成就了邓建军精湛的技艺。2004年，他被江苏省破格评定为"有突出贡献"的高级技师，享受省政府特殊津贴。

启示

　　一个有技术的人是不会被别人的看法所束缚的。在这"英雄不问出处""成才多元化"的社会中,邓建军用自己的能力和成绩证明了有为就有位,社会是不会亏待那些执着奋进之人的。

 知识点

　　能力是一个人顺利完成活动任务的直接有效的心理特征。创优、创新、创业所要求的不仅仅是专业技能,还有综合能力。对职业学校学生来说,这种综合能力的集中体现就是职业能力。

　　职业能力是一种能够顺利实现职业目标并影响该职业活动效率的能力,它具有自己独特的内涵。在职业活动中,它是一种最高层次的素质,是人们从事某项职业必须具备的多种能力的总和。它是择业的标准和就业的基本条件,也是胜任职业岗位工作的基本要求。

　　人的职业能力是由多种能力复合而成的:一是专业能力——从事职业活动所需要的运用专业知识、技能的能力(强调适应性、针对性);二是方法能力——从事职业活动所需要的工作、学习的能力(强调合理性、逻辑性、创新性);三是社会能力——从事职业活动所需要的社会行为能力,适应社会、融入社会的能力(强调对社会的适应性、具有积极的人生态度)。

　　职业能力的内涵源自于实践能力,并与"以服务为宗旨,以就业为导向"的职业学校的办学方针相一致;职业能力的构成与素质教育和职业岗位要求相对应,是创优、创新、创业能力形成的基础;职业能力能够而且应该在实践活动特别是职业活动中形成并得到提高。

三、创优与身心

 案例

钉钉与拔钉

　　从前,有一个脾气很坏的男孩,他的爸爸给了他一袋钉子,告诉他,每次发脾气或者跟人吵架的时候,就在院子的篱笆上钉一根。第一天,男孩钉了37根钉子。后面的几天他学会了控制自己的脾气,每天钉的钉子也逐渐减少了。他发现,控制自己的脾气,实际上比钉钉子要容易得多。终于有一天,他一根钉子都没有钉,他高兴地把这件事告诉了爸爸。

　　爸爸说:"从今以后,如果你一天都没有发脾气,就可以在这天拔掉一根钉子。"日子一天一天过去,最后,钉子全被拔光了。爸爸带他来到篱笆边上,对他说:"儿子,你做得很好,可是看看篱笆上的钉子洞,这些洞永远也不可能消失了。就像你和一个人吵架,说了些难听的话,你就在他心里留下了一个伤口,像这个钉子洞一样。插一把刀子在一个人的身体里,再拔出来,伤口就难以愈合了。无论你怎么道歉,伤口总是在那儿。要知道,身体上的伤口和心灵上的伤口一样都难以抚平。你的朋友是你宝贵的财产,他们让你开怀,让你更勇敢。他们总是随时倾听你的忧伤。你需要他们的时候,他们会支持你,向你敞开心扉。"

"脾气",是一个人心理素质的反映。可见,一个人心理素质所起的作用是如此的重要。良好的心理需要长期的教育、调适和培养,你的行动可以从记住这个小小的故事开始。

要创优,就必须身心健康,即具有健康的身体和良好的心理。依据人是生理—心理—社会文化的统一体这一特性,我们将人的素质分为生理素质、心理素质、社会文化素质三个方面。

对将来从事蓝领工作岗位的职校生来说,积极参加体育锻炼是强身健体的一个十分重要的创优基础。体育锻炼能促进骨骼和肌肉的生长发育,增强心肺功能,能改善和提高神经系统的功能,促进新陈代谢,促进心理健康的发展。

体育锻炼的基础、习惯等往往是在青少年时期形成的,为了自身美好的明天,我们没有理由不自觉、积极地去锻炼身体。目前,在中小学所推广的阳光健身运动的口号就很好地说明了体育锻炼的重要性:"每天锻炼一小时,健康工作五十年,幸福生活一辈子"。

然而,心理健康往往是我们忽视的更重要的方面。心理素质是指在先天遗传素质的基础上,在自身努力、外界教育与环境的影响下,在主体与客体相互作用中产生、发展起来的比较稳定的心理状态、心理品质和心理能力的综合。心理素质的好坏主要体现在人的心理状态的正常与否、个性心理品质的优劣、心理能力的强弱三大方面,外显于人的行为习惯及社会适应状态。在日常生活中,每个同学的内心深处都存在着两种基本的心理需求:一是要解决心理与行为上的各种冲突、困惑和障碍,维护心理健康;二是要不断地充实与完善自我,实现与超越自我,提高心理素质。

一些心理学家称青年期是"暴风骤雨、疾风怒涛时期"和"第二次危机时期",是"心理上的断乳期"和"人生的第二次诞生期"。职校生处于人生最活跃、最丰富多彩的青年期,是由少年儿童向成人过渡的时期,是人生发展变化的重大转折时期,也是良好心理素质形成的关键期。

当代职校生虽有渴望独立、勇于表现自我、兴趣爱好广泛、喜欢社会交往、认知模式职业化、职业能力得到较好发展等心理优势,但也存在着成就动机不强、自信心不足,有较强自卑心理、依赖心理、混世心理、容易冲动或偏激等心理问题。

因此,我们每个人都应采取措施,在主动接受社会、学校和家庭心理健康教育的基础上,自觉维护自身心理健康,促进心理不断走向成熟。比如:激发上进心,调适悲观心态;增强自信心,调适自卑心态;维护自尊心,调适虚荣心态;培养耐挫心,调适畏难心态;建立宽容心,调适自私心态;等等。

心理健康的学生一定会在各方面支持自己创优的意识与行动。

话题二　制定创优规划

一、了解创优形势

  案例

职业生涯规划"六问"

一个人在制定职业生涯规划时,常常需要先问自己六个问题,即:

你是什么样的人?这是自我分析过程。分析的内容包括个人的兴趣爱好、性格倾向、身体状况、教育背景、专长、过往经历和思维能力。这样对自己有个全面的了解。

你想要什么?这是目标展望过程。包括职业目标、收入目标、学习目标、名望期望和成就感。只有不断确立学习目标,才能不被激烈的竞争淘汰,才能不断超越自我,登上更高的职业高峰。

你能做什么?自己专业技能何在?特长何在?最好能学以致用,发挥自己的专长,在学习过程中积累自己的专业相关知识技能。同时个人工作经历也是一个重要的经验积累,判断你能够做什么。

什么是你的职业支撑点?你具有哪些职业竞争能力?以及你的各种资源和社会关系,这些也许都能够影响你的职业选择。

什么是最适合你的?行业和职位众多,哪个才是适合你的呢?兴趣、待遇、名望、成就感、工作压力及劳累程度都不一样,选择最好的并不是合适的,选择合适的才是最好的。这就要根据前四个问题再回答这个问题。

你能够选择什么?通过前面的过程,你就能够做出一个简单的职业生涯规划了。

  启示

机会偏爱有准备的人。如果一个人认识了自己,了解了社会,掌握了形势,做好了职业生涯规划,就能为未来的职业作好准备,他也就比没有作准备的人机会更多。

 知识点

一个人要想有所作为,就一定要能够沉下心来,认真分析一下周围环境的形势。

我们既要把握初级阶段任重道远、市场经济竞争激烈、多元经济共同发展、改革开放蓝图宏伟、富民强省催人奋进的时代特征,审时度势,紧跟时代步伐;又要把握从操作型向智能型、从单一型向复合型、从职业型向社会型、从传承型向创新型、从从业型向创业型转换的时代对人才的新要求;更要把握当前社会需要大批高素质的一线劳动者、职业学校毕业生受到用人单位的欢迎、职业学校毕业生就业形势喜中带忧的就业、创业和创新形势,才能把握机遇,迎接挑战,做到前景清、方向明。

我们还要了解时代特征、人才要求与"三创"要求的密切关系,尤其是把握创优要求与时代特征、人才要求之间的内涵与本质的联系,做到大小形势联系看、全面看。明确在创优的道路上,应该做什么?通过什么方式做?什么时候做到?

二、分析自身实际

 案例

小毛驴和小猴

小毛驴和小猴共同生活在一个主人家。一天,小猴玩得起兴,就爬上主人家的房顶,上蹦下跳的,主人一个劲地夸小猴灵巧。为了得到主人的夸奖,小毛驴也爬上了房顶,费了好大劲,却把主人的瓦给踩坏了。主人见状,便大声赶它下来,并打了它一顿。

小毛驴感到很委屈:为什么小猴能上房,而且还能得到夸奖,而我却不能呢?你认为小毛驴的问题在哪里呢?

 启示

人必须认识自我,才能有所作为。认识自我是成长的前提、行动的前提。试想:一个人连自己的能力、水平都不知道,与外部形势的关联度都不掌握,那还怎么制定目标、奋发向上呢?

 知识点

在很多人的职业生涯中,我们经常会发现以下这种现象:有的学生毕业后缺乏规划,总是不断地跳槽,特别是刚毕业的前3年,甚至在实习期间,都找不到自己的目标和方向。当自己还没有掌握所从事的行业、专业或者技巧时,这山望着那山高,总是不甘心居于人下,不断地辞职,不断地找工作,结果能力没有提高多少,反而在企业千方百计磨洋工,怎么偷懒倒学了一箩筐,还为自己找了个不小的借口:"此处不留我,自有留我处!天生我材必有用!"这是很多人的浮躁心理在作怪,而其根本的原因是缺乏自我认识。

认识自我是对自己存在的察觉,即认识自己的一切。人不仅要认识自己的外表,还要认识自己的心理,认识自己的优点和缺点,认识自己的水平和特点,认识自己在社会和集体中的地位与作用。认识自我是每个人行动的前提和真正成长的前提,也是人类的最高智慧,社会学把它称之为人的"第二次诞生",即继肉体自我诞生之后精神自我的诞生。

所以,创优规划的制定应当先对自身进行客观分析,并清楚自己的优势与特长、劣势和不足。只有这样,才能避免盲目性,提高针对性。当然,我们可以通过经常的自我反省、与他人的比较、综合别人的意见等方法来正确认识自我。

三、制定创优规划

 案例

规划的争议

小张是一名职业学校计算机专业的学生。刚走进这所学校时,他就对自己将来的职业有了一个朦胧的设想。在老师的指导下,小张逐步清晰地勾勒出了自己的职业生涯。他想成为一名优秀的计算机维修工,可是仅仅靠课堂上学来的东西是远远适应不了这一职业岗位要求的。于是,他设计了自己的生涯规划,并为之而努力。

有的同学说:"小张的做法不可取,毕业后还不知道要干什么呢?累不累呀?"还有的同学说:"如今,我们正处在一个飞速变化的时代,职业岗位演化得那么快,设计得再好也没用,还是顺其自然的好"。

 启示

西方有一句谚语:"如果你不知道要到哪里去,那通常你哪里也去不了。""人生设计师"徐小平也曾说过:"不做人生规划,你离挨饿只有三天。"其中的道理不言而喻。

赢在"三创"

知识点

当前,职校学习期既是做好职业生涯规划的关键期,也是做好学业规划的关键期,更是做好创优规划的启始期。在创优的道路上,能否抓住这一瞬间的时间进行奋斗,并且使自己的一瞬间绽放美丽的花朵,关键看每个职校生是否及时树立自己的"跳一跳,够得着"的创优目标,制订一个创优计划,并通过自己的努力去书写灿烂的人生。一个明确的目标确实可以让学生在创优、创新、创业之路上少走许多弯路。

因此,每个职校生必须了解自己,了解社会,根据自身的天赋、现状,根据未来社会的需要,根据"三创"的目标和要求去制定"三创"规划,确定自己的学业及职业(事业)发展目标和行动计划,分析发展条件,确定发展目标,构建发展阶段,制定发展措施。做到目标要准、基础要牢、能力要到;做到知己、知彼,再作出正确的抉择。其根本目的在于最大限度地提高自己创优和人生发展的效率,采取可行的措施,一步一步去努力,就一定能实现自己的创优目标。

一个看不到自己未来的人,就把握不住现在;而一个把握不了现在的人,也永远没有未来!

话题三 践行创优行动

案例

寓言故事

清晨,非洲草原上的羚羊从睡梦中醒来,它知道新的比赛就要开始,对手仍然是跑得最快的狮子,要想活命,就必须在赛跑中获胜。另一方面,狮子思想负担也不轻,假如跑不过最慢的羚羊,命运都是一样,当太阳升起时,为了生存下去最好还是快跑吧!

多么奇妙的事情,强如狮子之强,弱似羚羊之弱,差别不可谓不大,然而在物竞天择的广阔天地里两者面临的、源自求生欲望的压力都是同等的。

可见,在动物世界里,动物的对手说到底也就是它自己,它要逃避死亡的追逐,首先就要战胜自己,它必须越跑越快。因为稍一松懈,便会成为他人的战利品,决无重赛机会。

启示

最大的敌人是自己,对人类来说何尝不是这样!不管你是总裁还是小职员,为了保住自己的职位,不都是要尽心尽责,全力以赴吗?要知道总有人盯着你的职位跃跃欲试,总裁的高位自然热门,不必多说;小职员也不例外,因为公司门外总有不少新人等着进来。这样看来,大家的选择都一样,要么做得更好,要么被淘汰。在新的一天来临时,可不要再拿闹钟出气了,还是对自己叫一声"加油吧"。

一、要从点滴做起

案例

捡废纸让他改变了一生

美国福特公司名扬天下,谁又能想到该奇迹的创造者福特当初进入公司的"敲门砖"竟是"捡废纸"这个简单的动作呢?那时候福特刚大学毕业,他到一家汽车公司应聘,一同应聘的几个人的学历都比他高。当他敲门走进董事长的办公室时,发现门口地上有一张纸,很自然地弯腰捡了起来,看了看,原来是一张废纸,就顺手把它扔进了垃圾篓。董事长把这一切都看在眼里。福特刚说了一句话"我是来应聘的福特",董事长就发出了邀请:"很好,福特先生,你已经被我们录用了。"这个让福特感到惊异的决定,实际上源自他那不经意的动作。从此以后,福特开始了他的辉煌之路,直到公司改名,让福特公司闻名世界。

启示

一个微不足道的动作,或许会改变人的一生。福特的收获看似偶然,实则必然。他下意识的动作出自一种习惯,而习惯的养成来源于他的积极的态度。正所谓:"播下一个行动,你将收获一种习惯;播下一种习惯,你将收获一种性格;播下一种性格,你将收获一种命运。"

知识点

人都是有理想的。我们每一个人谁不想提高自己的素养,谁不想自己所就职的单位有发展,谁不想随着单位的发展而自身得到更大的发展,或者有一天能自主创业、拥有自己经营的事业呢?然而,我们是否明白,实现这些目标要靠什么?要靠我们脚踏实地的努力,靠我们每个人从简单做起,从一点一滴做起:课桌脏了要擦,乱了要整理,东西要定位,地面有纸屑要拾起,见人问好,穿着校服,佩带胸卡,遵守制度……所有这些不但要知道如何做,重要的是一件一件去真做。

源自于日本的企业5S现场管理法就是一个很好的例子。5S就是整理(SEIRI)、整顿(SEITON)、清扫(SEISO)、清洁(SETKETSU)、素养(SHITSUKE)五个项目。从表面看就是从小事做起,从点滴做起;而其系统的核心就是使人养成良好的习惯,提升人的素养,使之成为对任何工作、任何事情都讲究认真的人。

实践证明,践行创优行动,必须从大事着眼,而从小事入手。

二、贵在长期坚持

荷花池的谜题

有一个荷花池,第一天的时候池中只有1片荷叶,但是荷叶的数量每天成倍数增长,第二天2片,第三天4片……假设在第30天时整个池塘全部被荷叶盖满,请问:在哪一天时,荷叶只有一半?你可能马上就答得出:第29天。不错,这就是日积月累、滴水穿石达成的终极突破。

启示

我们所设定的每一个目标、从事的每一项工作都像这片荷花池,在你做着貌似重复的日常工作的时候,你往往会感到枯燥甚至是厌烦,你可能在第3天、第28天甚至第29天的时候放弃了坚持,这时往往离成功只有一步之遥。巨大的成功靠的不是运气、不是聪明,而是韧性。所以,只要朝着正确的目标持续地做下去,就一定能够迎来最终的成功。

知识点

践行创优的实际行动需要长期坚持,事事坚持。比如:企业的5S管理所要求的就是如此这般,只要你坚持做了,持续地做下去,形成习惯,你的素养就会不断提高。事物的发展就是一个由小到大、持续发展的过程。"不因善小而不为。"正是通过这一件件小事的长期积累,你将成就创优、创新和创业的目标,你将成为一个具有较高素养的、对单位、对社会有贡献的人,最终你将会获得比别人更大的成功!

三、滚动调整规划

案例

小王的变化

小王在职业学校学的是物流专业,毕业后,她认为自由、变化的生活更适合自己,所以就放弃职业学校中所学的专业,积极准备去应征时装模特。在一连串的训练后,她终于当上了正式的模特。模特的生活的确比较自由和富于变化,也让她见识到了时尚界的文化,她很享受自己的工作和生活,也觉得很有成就感。但五年后,她对这种不规律的生活感到有些疲倦,并发现自己的身体因为经常熬夜而越来越差。所以她决定辞职,想找一份生活较有规律的工作,于是,开始准备进修文秘专业。在进修期间有规律的生活让她觉得很平静。后来,她通过应聘成为公司文员,过上了令她满意的、有规律的、平稳的生活。

启示

一个人的自我探索不是一次性完成的,而是在不断进行的。一个人的生命在前行,他的自我概念也就会不断地进行调整。而且,探索自我是需要通过行动来了解自己的,行动的要素之一就是要能发现与接受我们目前拥有怎样的现状与条件,并且真正去验证,而不是仅仅依靠凭空想象。此外,行动后的成功和满意让我们获得了成就感,但是,不成功和不满意也可以使我们了解自己,学到经验。所以,通过不断的发现、接受、行动、验证、反省,就可以让我们更能掌握探索自我与生涯规划的关系了。

知识点

创优规划不可能一次完成,也不是一成不变的,这需要在实践中随着自身素质和社会变化的变化而作出相应调整。俗话说:"计划不如变化快。"影响创优的因素有很多,自身在变,环境和条件在变,那么确定的目标也应该作出相应的修改和更新,如此才能使自身立于不败之地,最终实现自己的创优和人生目标。

今天在自己的人生路上播下一粒创优的种子，那明天就会在就业、创业的岗位上多一颗创优之星。让我们共同努力，成就职校生创优的梦想，让更多的学生创优成功！

1. 认真学习和对照学校关于"三创优秀学生""职教之星"等优秀学生的评选标准和要求，分析自身实际，查找努力的方向和目标。

2. 作为一个职业学校的新学生，请针对自己与"三创"要求的差距，结合生涯发展规划，制定自身"三创"发展的具体目标，拟定措施，落实行动。

创新篇

模块一　树立创新意识

教学目标

引导学生认识创新，树立创新意识，分析自身创新素养和提升途径，积极投身创新实践。

教学要求

认知：通过学习，掌握创新基础知识，掌握创新素养的构成和培养方法。
情感态度观念：形成创新意识，树立积极参与创新的形象，培养创新的兴趣和积极态度。
运用：运用各种案例，对创新、创新意识进行正确的解释说明；分析自身创新素养和提升途径，主动参与创新实践活动。

话题一　创新基础知识

一、创新人人可为

案例1

索尼的来历

著名电器公司索尼在确定公司名称时提出了两条原则：一是既作为公司的名称，又作为产品的品牌；二是选择的名称必须简短易记，最好不多于5个书写符号。查阅了各种字典，他们发现拉丁文 sonns 具有"声音"的含义，而且公司经营的产品恰又充满了"声音"。据此，他们选出了"sunny"和"sonny"两个词。但是"sonny"按一个日语的罗马字拼法，意味着"损失金钱"。几经推敲，决定删掉一个字母，成为"Sony"（索尼）。

"Sonny"删改为"Sony",虽仅一个字母之差,但奥秘无穷。一是"Sony"在任何语言中也只意味着"索尼",具有专一性和独特性,没有其他的含义和解释;二是容易记忆,琅琅上口,并与公司的产品特征相符,对宣传产品和企业十分有利;三是经变异的"Sony"使许多国家的消费者产生一个美丽的误会,认为"Sony"来自他们的语言,因而易于被他们接受,容易打开实际市场的销路。巧妙简练的"Sony"名称,由此推动着著名的Sony电器在全球热销,经久不衰。

案例2

奥运的创新

1984年以前的奥运会主办国几乎都是被"指定"的。对举办国而言,往往是喜忧参半。举办奥运会,自然是国家民族的荣誉,也可以乘机宣传本国形象,但是以新场馆建设为主的强大硬件投入又将使政府负担巨大的财政赤字,赔老本已成主办奥运的定律。

直到1984年洛杉矶奥运会,美国商界奇才尤伯罗斯接受主办奥运,并运用他超人的创新思维改写了奥运经济的历史,不仅首度创下了奥运史上第一次巨额盈利记录,更重要的是建立了一套"奥运经济学模式",为以后的主办城市如何运作提供了样板。

案例3

发明创造在日本

在日本发明协会的资料里,有一则有趣的故事:早期的中国瓷器虽然精美,但在欧洲销路不畅。日本人经"研究"发现,原来中国的传统茶杯四周一样高,而欧洲人鼻子太大,用起来不方便。于是日本人把茶杯设计成斜口的,再从中国订货,尔后把这种茶杯转到欧洲,马上开始畅销。

日本人的这类发明不胜枚举：可以弯曲的吸管、不断把笔芯推出的自动铅笔、不会滑到碗里的汤勺、方便面、卡拉OK、随身听、笔记本电脑……

创新意识重在培养，"小发明"中见创新。日本从幼儿园开始就设有手工课；小学、初中经常组织学生到田间野外上课；高中阶段学生就开始接触一些小研究项目，因此在学校可以培养和增长不少创新的兴趣和技能。日本各地拥有各式各样的科学博物馆，都有鼓励发明创造的组织，并定期举行全国性比赛。类似天皇奖、总理大臣奖、内阁大臣奖、发明协会奖、全国发明奖这样的奖项数不胜数，既有奖给个人的，也有奖给团队的，还有奖给组织者的。设立这些奖项的目的在于鼓励扶植发明家们不断前进。

启示

创新无处不在，创新无时不在，人类就是这样在创新的道路上一步步前行，走到今天，走向文明。

知识点

1. 了解创新的含义

创新是指人类为了满足自身的需要，不断拓展对客观世界及其自身的认知与行为的过程和结果的活动。或具体讲，创新是指人为了一定的目的，遵循事物发展的规律，对事物的整体或其中的某些部分进行变革，从而使其得以更新与发展的活动。

（1）创新的目的

创新的目的就是满足人类自身的需要。一是个人需要；二是团体或社会需要（如创建文明城市、改革金融体制、构建和谐社会等）。

（2）创新的主体

创新的主体就是人类。这里的人类包含两层含义：一是指个人（如自然人，像爱迪生等）；二是指团体或组织（如国家创新体系的建立）。

（3）创新的客体

创新的客体就是客观世界。包括自然科学、社会科学以及人类自身思维规律。

（4）创新的过程

创新的过程就是不断拓展和改变对客观世界（包括人类）认知与行为的动态活动本身。

（5）创新的核心

创新的核心就是创新思维。创新思维是指人类思维不断向有益于人类发展的方向动态化地改变。

（6）创新的关键

创新的关键就是改变。向新的方向、有效的方面进行量和质的变化。

（7）创新的结果

创新的结果有两种：一是物质的，如蒸汽机、电脑的发明；二是非物质的，如新思想、新理论、新经验的提出等。

2. 掌握创新的特性

（1）敢为天下先——创新的独创性

创新最大的特点在于"新"，且与众不同。我们要在思路的探索、思维的方式方法和思维结论上独具慧眼，提出新的创建，找到新的发现，实现新的突破。

创新所要解决的是实际中不断出现的新情况、新问题；而常规性思维所要解决的是实践中经常重复出现的情况与问题，这是创新与常规性思维的显著区别。

（2）创造性破坏——创新的破旧性

创新也称作创造性破坏，指企业首次向市场引入的、能对经济社会产生重大影响的革命性新产品或新技术，包括根本性产品创新、根本性工艺创新、社会创新和新的商业模式等。

创新常常能摧毁一个旧产业，或者创造一个新产业，从而彻底改变竞争的性质和基础，决定了以后的竞争格局和技术创新格局。创新是引起产业结构变化的决定性力量和主导力量。

（3）不同凡响——创新的探索性

一个想具有创新思维能力的人，首先应有思维的探索性，学会经常问"为什么不"，有遇事刨根问底的良好习惯，有弄不明白誓不罢休的科学态度。

社会上很多自然现象和生活琐事，都有可能给人们提供创新发明的机会。有探索精神的人就可能抓住它，而墨守陈规的人就会白白错过。

（4）标新立异——创新的叛逆性

所谓创新活动，就是不因循守旧，不墨守陈规，不为传统的理论观念和权威人物的决断所束缚，具有大胆而有科学依据的怀疑精神，敢于批判和审查对待原有的概念和理论。

在创新活动中，缺乏创新精神、舍弃批判态度就有可能轻信或肯定一种未经证实的设想或假说，致使创新活动步入歧途。所以，从一定意义上说，科学上为害最大的莫过于舍弃批判的态度。

（5）你新我变——创新的灵活性

创新不受固有方法、程序和思维方式的束缚，它既与别人的思维框架不同，又与自己以往的思维框架不同。创新是开创性的、灵活多变的，并伴随着"想象""直觉""灵感"等思维活动。所以，它具有极大的随机性、灵活性，因人、因时、因事而异。而常规性思维，只是按照固有思路和方法进行的思维活动，缺乏灵活性。

在创新活动中，善于根据观察和实验结果的变化和有关信息资料的不断充实灵活地、辩证地进行思考，使自己的思想不断地服从变化的客观事实。不先入为主，不削足适履，不按图索骥，不固执一孔之见解，不扼守一己之观点，努力防止思维的机械性、僵死或刻板性。

（6）前人所未见——创新的求异性

求异性是相对求同性而言的。求同性是一种人云亦云、依葫芦画瓢式的非创新性思维方式。求异性则表现为一种追求与众人、与前人有所不同、独具卓见的思维品质，它是获取具有新颖性创新成果的重要保证。

3. 创新人人可为

是谁产生了那些伟大的创新？当你在脑子里回答这个问题的时候，你可能想到的是爱因斯坦、爱迪生、比尔·盖茨或是另外一些世界著名的发明家。而事实上，这个世界上真正伟大的创新者都出自像你一样的普通人。

学生们采用简单算法解决作业问题；石油工人为了提高原油产量，巧改抽油设备、变更注水方法；科研人员进行科学研究和技术开发；管理人员提出管理工作的新点子、新举措、新方法；艺术工作者创作出引人入胜、脍炙人口的作品……这些都是创新力在创新实践中的释放。

美国通用电气公司把"创新工程"的课程用来训练和提高企业职工的创新性，经过这一课程的培训，职工创新发明的能力普遍提高了3倍，正说明了每个人身上都潜伏着巨大的创新能量。

 互动教学

讨论：你还能举出一些身边的例子来说明创新的特征吗？

二、创新始于意识

 案例

紧腿裙和可口可乐瓶

1923年的某天上午，美国一玻璃厂的工人路透的久别的女友来看望他。没想到当女友出现在他的面前时，他被女友漂亮的紧腿裙吸引了，流畅的线条突出了女性的线条美。于是路透想，如果按照裙子的样式设计一种瓶形不是很好吗？接着他就设计出了一种流线型的瓶子，申请了专利，并拿到可口可乐公司去推销。没想到公司老板史密斯看了大为赞赏，立刻与路透签订合同，每生产12打瓶子付给路透5美分，这就是可口可乐瓶子的由来。到目前为止，已生产760亿个瓶子，路透得到专利金额约18亿美元之巨。

 启示

玻璃厂工人路透，在从女友裙子的引发到瓶形被认可的整个活动过程中，表现了强烈的创新意识、创新精神以及弃旧图新、渴望成功的心理品质，可见创新意识的培养和开发是培养创造人才的起点。

 知识点

1. 解析创新意识

创新意识是指人们根据社会和个体生活发展的需要,引起创造前所未有的事物或观念的动机,并在创造活动中表现出的意向、愿望和设想。它是人类意识活动中的一种积极的、富有成果性的表现形式,是人们进行创造活动的出发点和内在动力,是创造性思维和创造力的前提。

创新意识包括创造动机、创造兴趣、创造情感和创造意志。创造动机是创造活动的动力因素,他能推动和激励人们发动和维持进行创造性活动。创造兴趣能促进创造活动的成功,是促使人们积极探求新奇事物的一种心理倾向;创造情感是引起、推进乃至完成创造的心理因素,只有具有正确的创造情感才能使创造成功;创造意志是在创造中克服困难、冲破阻碍的心理因素,创造意志具有目的性、顽强性和自制性。创新意识是创造人才所必需具备的。

创新意识的培养和开发是培养创造人才的起点。只有注意从小培养创新意识,才能为成长为创造人才打下良好的基础。

2. 培养创新意识

(1) 独立思考

独立的思考能力是创新活动的基本要求。具体地说,独立的思考能力是针对具体问题进行深入分析后提出自己的独创见解的能力,它也是一种运用已经掌握的理论知识和已经积累的经验教训,独立地、创造性地分析和解决实际问题的综合能力。

我们在创新活动中,要善于根据实际情况进行独立的分析和思考,对问题的认识和解决有独创见解,不受他人暗示的影响,不依赖于他人的结论,努力防止思想的依赖性。

(2) 善用直觉

所谓直觉,指的是当人们研究问题的时候,并没有像通常那样运用逻辑推理,一步一步地由已知到未知,而是一步到位,一眼看穿事物的本质。直觉是指人们对事物或问题不经过反复思考的一种直接洞察。直觉具有总体性、瞬间性、顿悟性、间断性、猜测性。但实际上,直觉这种思维现象并不神秘,更非偶然,完全有规律可循。表面上看来直觉似乎是"偶然所得",其实是"长期积累"的必然结果。

(3) 运用想象力

"想象力比知识更重要",这是科学家爱因斯坦的著名论断。想象是创造活动的基础和先导,是激励创造活动、产生科学假说的源泉。想象力是在原有的形象和经验的基础上形成新形象的能力,它是创新能力中的实在因素,是科学假说和科学理论的设计师,是直接和灵感的源泉。创新者借助于丰富的想象力,可以超越时空条件的局限,自由地驰骋于科学发现和技术发明的广阔领域,提出新的见解和设想,创造出新的形象。

(4) 破除消极思维定势

消极思维定势是指人们在解决新问题时,受到原有思考问题成功的局限而处于停顿的心理状态。消极的思维定势是创新思维的障碍,不破除消极的思维定势,创新能力的开发和提升就是一句空话。

破除消极思维定势的方法多种多样,我们进行综合思考和分析的方法可以归纳为两种:一是就事论事法,是指根据具体的消极思维定势采取破除它的具体措施。例如,要破除权威型的定势可采用质疑法或用科研成果进行对比破除和解决。二是全面出击法,是指为了达到创新型的组织、地区和社会的目标,构建创新体系而实施全方位、系统性的创新思维教育,对社会旧体制、旧制度、旧习惯进行长期的、全面破除的战略性措施。

 拓展实践

蒸汽机的发明者瓦特其实主要是发明了蒸汽机的分离凝结器。青年时代的瓦特在英国大学修一台扭可门蒸汽机时,发现它有严重的缺点:气筒外露,四周冷空气使其温度迅速下降,蒸汽放进去,没等气筒热透,就有相当一部分变成水了,使得大约 3/4 的蒸汽白白浪费。瓦特下决心要解决如何保持气筒温度、提高热效率的问题。他整天研究着、思考着、探讨着,时间一天天过去,解决的答案却毫无踪影。

在一个夏日的早晨,瓦特起床后,漫步在空气清新的大学校园。突然,如同电光一闪,头脑中一个清晰的思想出现了:在气筒外边加一个分离凝结器。这使得瓦特豁然开朗,立即回办公室夜以继日地实验、研究,终于制成了分离凝结器,这才诞生了现代意义上的蒸汽机。

分析以上的案例,说明瓦特发明蒸汽机是运用了何种培养创新意识的方法?你还知道哪些方法?

话题二　创新基本素养

一、创新素养内涵

 案例

奥托·瓦拉赫学生时代给我们的启迪

奥托·瓦拉赫是诺贝尔化学奖的获得者。如果你认为奥托学习优异,是类似"神童"的人,科学家就是这样一路走过来的,那么你就大错特错了。

在读中学时,父母开始为他选择的是一条文学之路。不料一个学期下来,老师为他写下了这样的评语:"瓦拉赫很用功,但过分拘泥,这样的人绝不可能在文学上有所成就。"父母只好尊重儿子的意见,让他改学油画。可瓦拉赫既不会构图又不会调色,对艺术的理解力也不强,在班上成绩倒数。学校的评语更是令人难以接受:"你是在绘画艺术上不可

造之才。"面对如此"笨拙"的学生,大部分教师认为他成才无望。而化学教师认为他做事一丝不苟,具备做好化学实验应有的品质,建议他改学化学。于是瓦拉赫的智慧的火花点燃在化学领域之中,在同学当中遥遥领先,最后成为伟大的化学科学家,获取了诺贝尔化学奖的殊荣。

启示

"物各有序,人各有位"。把人放在了恰当的位置上去发挥他的聪明才智,开发他的潜能,他就是天才,否则就像瓦拉赫老师所说的是"笨拙"的"不可造之才"。

创新者的基本素养决定了他成就的高度。创新者的基本素养有哪些?天才、伟人、科学家和大师与我们的差异在哪里?差异性是开发创新能力的前提。首先要承认,天才、伟人、科学家和大师也是普通人,这是我们可以学习的前提。我们认为,最大的差异是在创新素养上,而这些,我们完全可以习得。在学习的过程中:一是我们缩短了和这些杰出创新者的差距,在这种缩短的过程中必然会释放出巨大的能量,其意义之大,如何估量都不会过高;二是我们会造就出更多的杰出创新者,一大批杰出的创新者是牵引社会进步的火车头。

知识点

创新心理学的研究表明,个体的创新素养主要包括创新意识、创新思维、创新精神、创新人格、创新知识以及创新能力等。就职业学校学生的发展来说,创新是一种综合素质,主要包括以下几个方面的内容:

1. 创新意识

创新意识是一个人要求突破原有知识、创新原有知识的一种意识。创新意识强的人能把创新欲望化为内在的习惯和自觉的行为,处处想到创新。

2. 创新热情

创新热情是随着创造者对创造目标及意义的认识而产生的对创新活动的一种积极的情绪体验,它突出表现在进行创造活动时的情绪振奋、精神饱满、节奏加快和活动的持续进行。

3. 创新思维

创新思维是指人作为独立的个体,在创新活动的认识过程中,能善于思考、发现、认识有意义的新知识、新事物、新方法,掌握其中蕴含的基本规律的一种理性认识活动。创新思维是创新活动的核心,通过这种思维不仅能揭示客观事物的本质及其内在联系,而且能在此基础上产生新颖的、独创的、有社会意义的思维成果。

4. 创新精神

创新精神是人们崇尚创新、追求创新、以创新为荣、为创新而奋斗所表现出来的观念、意识和思想、道德、心理品质等的总和。比如个体的好奇心、探究兴趣、求知欲,对新异事物的敏感,对真知的执着追求等。

5. 创新人格

创新人格主要包括独立性、坚持性、批判性、挑战性、进取性、合作性等个性特征,能经受挫折、失败的良好心态以及坚忍不拔的性格,这是创新的保证。

6. 创新知识

一个人的创新能力的高低虽然与掌握创新知识的多少不成正比,但毕竟离不开一定的知识积累。当然,我们所说的"知识"主要是指能够应用、能够创新的活知识,而不是僵死的知识。

7. 创新能力

创新能力主要包括创新感知能力、创新想象能力、创新思维能力和创新实践能力等,这是创新的本质力量所在。

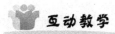

分析比尔·盖茨等成功人士,他们身上有哪些创新的基本素养。

二、提升创新素养

买钢笔带来的商机

1921年的一天,享誉世界的经营奇才奥利莱在波兰街头闲逛,忽然他想要写点东西,于是信步走进附近的文具店准备买一支钢笔。但是一问价格,奥利莱大吃一惊:同样一支钢笔在英国只要3美分,可在这里卖到了26美分!奥利莱感到很奇怪,一了解,原来这里的钢笔都是德国进口的,而且数量有限。从不轻易放过一个机会的奥利莱为自己的意外发现而惊喜。很快,他就对波兰市场进行了一番详细、周密的调查,结果更是令他兴奋不已。原来,当时全波兰只有一家钢笔生产厂,但由于战争影响,生产能力已非常有限。奥利莱当即决定,在波兰投资创办钢笔厂。

3个月后,奥利莱的钢笔厂建成了。在投产后的8个月,生产数量就达到了一亿支,当年便创造利润100万美元。到1926年,这个工厂生产的钢笔不仅满足了波兰市场,还先后出口至英国、土耳其、中国等十余个国家。

善于观察、勤于思考、精于推敲、举一反三,是创新型人才的必备素养。只有对周围环境具有敏锐的感受力、细微的观察力和深刻的洞察力,才能够察觉别人未曾注意的细节,才能善于捕捉住创新的机会。

知识点

提升创新素养有以下几种方法：

1. 内化创新理念

创造心理学的研究表明，获得一种科学、正确的创新理念比获得某种局部的创新技能更重要。日本发明学会会长丰泽氏曾经说过："搞出发明创造的首要'秘诀'，就是认为发明创造并不难。"一个人如果在心理和精神上输了，就不可能在创新的行为上取胜。要取得创造发明，就必须树立创新的自信心。

人类文明的来源来自于创新，人类生活的本质在于创新，人类的未来属于创新。因此，我们应当树立正确的创新价值观，认识自身的创新观念与意识中可能存在的偏颇和误区，通过改变非理性观念，学习内化现代理念来提高自身的创新素质。我们这里所说的创新、创造并不是一定要亘古未见、绝世无双的事物，而是只要在此时、此地、此事上算是"新"就足够了。因此，创新、创造是一种对生活全方位不断的追求。

伟大的人民教育家陶行知先生说过："人类社会处处是创造之地，天天是创造之时，人人是创造之人。"美国著名心理学家吉尔福特说："创造性再也不必假设为仅限于少数天才，它潜在地分布在整个人口中间。"因此，作为新时代的职校生，虽不能祈求处处有创造，时时能创造，但至少应该要求自己经常不忘创造；不能终生不断创造，至少可以有一时一事的创造。只有树立了新的创新理念，才能构建出符合时代发展要求、适应经济需要的创新素质。

2. 优化知识结构

知识是创新的基础和前提。现代科学技术的发展、各类边缘科学和综合学科的兴起要求优秀的人才必须具有较为广博的科学知识，才能够融会贯通，有所发现，有所创新。

因此，在实际的学习过程中，增加知识量、拓宽知识面对于职校生创新能力的开发具有积极意义，但最为关键的是要夯实知识基础和拥有最佳的知识结构。宽广而扎实的基础知识是职校生创新思维与能力的起点。创新能力绝不是凭空产生的，因此，我们不能忽视各学科基础知识的学习。不难理解，基础知识是人们学习和掌握专业知识和技能的支撑点，是人类文化积淀和创造活动的基石和起点。

不少职校生创新能力水平低的原因就是基础知识太少，或者头脑中贮存的知识质量太差，比如没理解、不系统、陈旧落后等。着眼于知识经济时代的需要，职校生应当具备合理、优化的知识结构；知识成分要齐全，知识数量要广博，知识层次要分明，知识搭配要合理；应当坚持文理渗透，在众多的知识中选择出有内在联系的最基本的知识，构建能够动态吸纳新知识的知识结构框架。

3. 强化个性培养

个性与创造力之间关系密切，活跃、独立、自由的个性是创造力萌芽与生长的土壤。从某种意义上讲，个性是创造力的核心。创新型人才往往具有独特的人格特征，个性的独特在某种程度上也是创造性的一种反映。没有个性就没有创造力，缺乏个性就缺乏创造力。在最一般的意义上，个性即创造性，创新精神即最无私的奉献精神，创新人格即最高尚的人格。

创造心理学的研究表明,高创造性的人很少具有从众行为,他们不落俗套,也很少考虑是否给别人留下好印象。他们常常有较强的幽默感,善于自娱自乐,对所承担的任务有坚持性,能很好地处理那些毫无头绪的问题,对待生活有丰富的幻想,倾向于用新的、不一般的方法探究问题。

培养自己的创造性人格,就是要使自己具备献身科学、献身人类事业的内在动力和坚强意志,具有敢闯敢干、敢冒风险、敢于怀疑和批判的科学精神,具有敢于冲破传统观念和科学权威的理论体系、敢于向错误理论挑战的创新勇气和志气,具备良好的精神状态和健康的心理素质。

4. 深化创新实践

培养创新素质,根本途径就在于深化创新实践。在创新过程中,个体尽管具备了创新动机和创新热情等,但若不把它们转化为创新行为,终究是不可能产生创新行为乃至创新成果的,这一转化过程要靠实践,发掘创新潜能、提高创新能力也要靠实践。创新思维只有付诸实践,才能显示其价值,并得到检验和完善,从而积淀成个体的创新能力、创新素质。

职校生的创新实践具有广阔的领域,除和普通高中一样的学习、工作和参加科技、文学、体育、艺术等各种活动外,职业学校专业技能和实践活动的教育教学为职校生提供了更多、更好发现、解决问题的机会和展示自身创造力方面的创新行为,把创新思维运用于专业学习、企业实践和个人生活。如果我们能在自己的学习内容、学习方式、学习渠道和企业生产、社会实践等层面展开创新实践,那么我们的人生将每天显现出蓬勃的新感觉、新境界。

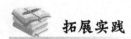
拓展实践

就如何提升自己的创新素养列出方法和计划。

赢在"三创"

模块二　训练创新思维

教学目标

通过理论学习和案例分析,了解常用的几种创新思维方式,掌握创新思维的方法,提高创新思维的能力,树立创新实践的信心。

教学要求

认知:通过学习、研讨和训练,掌握创新思维的各种方法。

情感态度观念:理解创新思维的重要性,认识到创新人人可为,创新始于意识,从而形成创新思维的态度和习惯。

运用:将各种创新思维方法运用到发明创造和其他学习领域中,进一步提升创新技能。

话题一　扩散、收敛思维训练

一、扩散思维训练

 案例

曲别针的用途

在一个以创新为主题的研讨会上,一个发言者突然拿出一把大家司空见惯的曲别针,对在场的人说:"请大家动一动脑筋,说出曲别针形形色色的用途,看谁说得多而奇特。"静默片刻后,大家开始说:"曲别针可以夹杂志、别相片、做发夹、当鱼钩、代替西装领带上的别针、拉直一端画图或写字、拉直一端烧红了可在软木塞上穿孔……"大约说了30多种,而这个发言者却一直摇头不语。于是,有人问:"你呢? 你能讲几种?"

这个发言者微笑着说:"你们说得太少了,其实,曲别针的用途能达到上千万种。"在场的人一片哗然:"这怎么可能,你能用什么方法证明?"这个发言者不慌不忙地给出了答案。

原来,他是把曲别针的总体信息分解成材质、重量、体积、长度、截面、韧性、颜色、弹性、硬度、弧度等多个要素,然后把这些要素用线连成一条信息标(X轴),再把与曲别针相关的信息要素分解,连成另一条信息标(Y轴)。两轴相交并垂直延伸成为"信息反应场",两轴各点信息依次相乘,进行信息交合,就列出了曲别针无穷的用途。

启示

发言者可以演示出曲别针的千万种用途。假如没有扩散思维,那是难以做到的。

知识点

1. 什么是扩散思维

扩散思维是指面对问题沿着多方向思考、产生出多种设想或答案的思维方式。扩散思维又称发散思维、辐射思维、求异思维、多向思维等。

扩散思维是以某个问题为出发点,流向四方的一种思维方式,它是多方向或多思路、多设想或多答案的,它不受常规思维的束缚,能避免从众心理,表现出思维的开放性。

扩散思维概念的提出者、美国心理学家吉尔福特认为扩散思维是"从给予的信息中产生信息,其着重点是从同一的来源中产生各种各样的为数众多的输出"。其模式是"从一到多",有人形象地描述扩散思维像夜空怒放的礼花,如太阳光芒四射。

2. 扩散思维的特征

(1) 思维的流畅性

思维的流畅性是指在单位时间内产生设想和答案的多少。如让甲、乙两人在相同的时间内回答砖头的用途,甲给出的答案比乙多,那么就可以认为甲扩散思维的流畅性比乙强。

(2) 思维的变通性

思维的变通性是指提出设想或答案方向上所表现出的灵活程度。如回答"砖头"用途的答案中,甲说出了盖房子、建围墙、垒猪圈、铺路;乙说出了盖房子、压纸、做染料、打人、做锤子。甲的回答只局限在建筑材料一个方面,而乙则涉及了建筑材料、工具、武器、染料等多个方面,因此乙思维的变通性比甲强。

(3) 思维的独特性

思维的独特性是指提出设想或答案的新颖性程度。说了砖头的许多用处,但只是停留在建筑材料方面就没有新意;如果说砖头可以当直尺、当画笔、作多米诺骨牌比赛用就与众不同了。

扩散思维的三个特征相互作用、相互依存。思维的流畅性是产生其他两个特征的前提;思维的变通性则是提出新颖性设想答案的关键。流畅是扩散思维的表象;变通、独特是扩散思维的灵魂。

3. 扩散思维的形式

扩散思维面对的是问题,而任何事物的问题都包含有多种属性。根据事物的属性,我们主要从结构、材料、功能、形态、组合、方法、因果等七个方面介绍扩散思维的形式。

(1) 结构扩散

结构扩散是以某个事物为扩散点,设想出该结构的各种可能性的思维活动。

(2) 材料扩散

材料扩散是以材料为扩散点,设想它们多种可能性的思维活动。从古到今,物体材料的发展过程就是材料扩散思维的过程,他们的共同特点都是为某物寻求更好的材料而不断地发现新的答案。

(3) 功能发散

功能发散是以某种功能为发散点,设想获取该功能各种可能性的思维活动。如现代手机的功能正逐渐多样化。

(4) 方法扩散

方法扩散是以人们解决某种问题的方法为扩散点,设想出各种可能性方法的思维活动。

(5) 因果扩散

因果扩散是以事物发展的因果为发散点,设想出由因及果或由果及因可能性的思维活动。从一定意义上看,每一个事物、现象都是一串因果链条,如果我们不是停留在某一段,而是沿着某一根因果链条追寻下去,就会有新的发现,而这个追寻的过程就是因果扩散的过程。

二、收敛思维训练

案例

鸡蛋的放法

有一名篮球运动员在球场练球。有个人给了他20个鸡蛋,放在球场边的地上就走了。球场上没有任何东西可以用来装鸡蛋,也找不到可以帮忙的人,实在让这个运动员很为难。

于是,他想到利用手表带的挂针和篮球。他用挂针把篮球的气放掉,并且把篮球弄成盆状,把鸡蛋放了进去。

启示

这个篮球运动员肯定想了很多办法,但他最终选择的是利用自己已有的条件来达到目的,这种思维模式称为收敛思维。

 **知识点**

1. 什么是收敛思维

收敛思维又称为聚合思维、聚集思维、集中思维、求同思维、综合思维、辐辏思维、辏合显同思维等。收敛思维是指以某个问题为中心，运用多种方法、知识或手段，从不同方向或不同的角度将思维指向中心点，经过比较、分析后，找到一个最合理的解决方案的一种思维方法。

2. 收敛思维的特征

我们可以归纳出收敛思维的以下六个特征：聚焦性、程序性、系统性、比较性、深刻性、合理性。

收敛思维的诸特性具体到每一件具体事件的发展过程中并非是每一个事情只显示一种特征，而是会表现出多种特征。如上述两个案例中都包含着聚焦性、程序性和合理性等，有的还呈现出比较性、系统性、深刻性和聚焦性、合理性共存的现象。收敛思维的核心是解决问题，选择出好的切入点和好的方法，能够很好地解决问题，它必然是合理的。

3. 收敛思维的形式

（1）辏合显同法

辏合显同法是把所有感知到的对象依据一定标准聚合起来，显示它们的共性和本质，这大致相同于逻辑学上的"归纳法"。

首先，以带有"显示"的意识看待各种感性材料，开始意识到观察对象一些突出的个别特征；其次，把上一阶段中所感觉到的"共性"单独肢解开来进行分析，将观点和事实相联系，取得合理的假设；最后，整个认识对象形成了一个和谐体，它的本质特征以一种较为完善的形式被揭示出来了。

（2）层层剥笋法

层层剥笋法又称分析综合法，人类认识的过程就像是"剥笋"一样，认识的深入就如笋壳一张张地被剥去，"笋肉"暴露之日也就是该认识活动完成之时。

层层剥笋法就是运用分析思维以某个确定的程序逐步展开的，每一个思维环节之间都有一种确切的、可供逻辑分析的逻辑递进关系，通过这种分析思维达到预期目的的思维方法，包括三段论法、简化法、层层逼近法和淘汰法。

（3）目标确定法

目标确定法就是首先要正确地确定搜寻的目标，然后进行认真的观察，作出判断，找出其中的关键，围绕目标定向思维。目标的确定越具体越有效，不要确定那些各方面条件不具备的目标。这就要求人们对客观条件有一个全面、正确、清醒的估计和认识。

目标，尤其是核心的、重要的、长远的目标，不可能是一蹴而就的。我们将这些目标分为近期的，远期的；小的，大的。开始进行时就应从小的、近期的、易行的入手，然后，逐步扩大、升级，直至完成大的目标。

三、扩散思维和收敛思维

扩散思维与收敛思维各有优缺点,在创新思维中相辅相成、互为补充。只有扩散思维,没有收敛必然导致混乱;只有收敛思维,没有扩散思维必然导致呆板僵化,抑制思维的创新。

扩散思维与收敛思维的不同点在于,扩散思维是为了解决某个问题,从这一问题出发,想的办法、途径越多越好,总是追求还有没有更多的办法。而收敛思维也是为了解决某一问题,在众多的现象、线索、信息中,向着一个方向思考,根据已有的经验、知识或发散思维中针对问题的最好办法去得出最好的结论和最好的解决办法。因此,两者的思维指向相反:扩散思维是由问题的中心指向四面八方,收敛思维是由四面八方指向问题的中心。两者的作用不同:扩散思维是一种求异思维,为在广泛的范围内搜索,要尽可能地放开,把各种不同的可能性都设想到。收敛思维是一种求同思维,要集中各种想法的精华,达到对问题的系统全面的考察,为寻求一种最有实际应用价值的结果而把多种想法理顺、筛选、综合、统一。

扩散思维与收敛思维是一种辩证关系,既有区别,又有联系;既对立,又统一。没有扩散思维的广泛收集、多方搜索,收敛思维就没有加工对象,就无从进行;反过来,没有收敛思维的认真整理、精心加工,扩散思维的结果再多,也不能形成有意义的创新结果,也就成了废料。只有两者协同动作,交替运用,一个创新过程才能圆满完成。

互动教学

《爱丽丝漫游迷惑国》一书中有这样一个智力问题:

餐桌上的一碟盐被偷吃了,小偷是以下三者之一:毛毛虫、蜥蜴和猫。它们被带去受审,下面是它们的供词:毛毛虫说,蜥蜴偷吃了盐;蜥蜴说,是这样;猫说,我根本不吃盐。已知它们三个中至少有一个讲了假话,也至少有一个说了真话。

试问:究竟是谁偷了盐?这用了什么思维模式?

拓展实践

1. 请写出带"天""日"结构的字。(越多越好)
2. 市场上现有拐杖功能单一,式样陈旧,仅能起支撑作用。以"老年人用的拐杖"为主题,请为拐杖增加一些功能,使之能够成为多功能拐杖。(至少5种功能)
3. 有一口井深15米,一只蜗牛从井底往上爬,它每天爬3米,同时又下滑1米,问蜗牛爬出井口需要多少天?

话题二 想象、联想思维训练

一、想象思维训练

 案例

比尔·盖茨的想象

微软创始人比尔·盖茨在 2005 年 7 月 1 日与 6000 名新加坡听众畅谈未来的电脑科技,他表示在 3~4 年内电脑可以听懂人话,而将来移植到体内的电脑还可以让盲人复明,让聋人复聪。

 启示

比尔·盖茨的这些设想实际上都运用了想象思维,他把电脑的形象和人的形象、人的缺陷进行了重组,产生了新的画面——新的电脑以及人与电脑互动的情景,而这些新的情景无疑是很有价值的。

 知识点

1. 什么是想象思维

想象思维是人脑通过形象化的概括作用对脑内已有的记忆表象进行加工、改造或重组的思维活动。

想象思维可以说是形象思维的具体化,是人脑借助表象进行加工操作的最主要形式,历来备受创新科学家的重视。想象力是否丰富,也就是想象思维能力是强还是弱,成为判断一个人创新能力强弱的重要依据。

2. 想象思维的特征

(1) 形象性

因为想象思维是借助表象来进行的,所以其思维过程和思维结果都是形象化的,不是概念,也不是数字或其他符号。

(2) 概括性

想象思维实际上是一种思维的并行操作,一方面反映出已有的记忆表象,另一方面把已有的记忆表象变换、组合成新的图像,达到对外部世界的整体把握,所以概括性很强。

（3）超越性

想象的最宝贵特征是可以超越已有的记忆表象的范围而产生出新的表象,这正是人脑的创新活动的最重要的表现。

3．想象思维的形式

（1）无意想象

无意想象是不受意识主体支配的想象。在这种思维活动中,思维主题没有特定的目的性,可以让思维的翅膀自由自在地飞翔。无意想象可以让潜意识活跃起来,这样就可能产生灵感,再进一步,就可能通向创新的结果。

（2）有意想象

有意想象是受思维主体意识支配的思维活动。在这种状态下,思维总是在创新者的目的需要系统的支配下进行。对创新活动来说,有意想象是一种经常起作用的思维形式,应当受到特别的重视。

二、联想思维训练

案例1

食人鱼与生物链

南美洲亚马孙河有一种吃人的鱼,这种鱼牙齿锋利,嗜人成性,俗称"食人鱼"。亚马孙河怎么会大量繁衍出这种凶残的食人鱼呢?这与人们忽视了根据事物之间的链条关系进行连锁联想分不开。最初,亚马孙河生长着许多专食水中鱼类的鸟,它们是食人鱼的天敌,这些鸟制约着食人鱼的大量繁殖。后来,人们大肆砍伐亚马孙河流域的热带雨林,森林成了荒原,专食水中的食人鱼的鸟类丧失了生存环境,便渐渐消失、灭绝了。食人鱼没有了天敌,亚马孙河便成了它们的乐园,因而繁衍极快,数量猛增。人们忽视了森林—鸟—食人鱼所组成的生物链,于是便演出了一幕幕鱼吃人的悲剧。

案例2

充气雨衣的诞生

有位学生放学回家,正值倾盆大雨。虽然身着雨衣,但雨衣贴着裤腿,雨水顺着雨衣灌满两只雨鞋。有没有办法让雨衣不贴身呢?这个问题一直在他脑海里盘旋。

有一次,他和父母一同去观看演出,舞台上的演员在跳舞旋转时,长裙的下摆像伞一样徐徐张开了。在他头脑中立刻出现了使雨衣不贴裤腿的灵感,可走路又不能旋转。回到家他又看到了一个塑料救生圈,终于灵感又一次帮助他解决了难题。将雨衣下边做成一个救生圈,穿的时候吹足气,不就不贴在身上了吗?就这样,充气雨衣诞生了,他因此获得了第一届全国青少年科学创造发明比赛一等奖。

启示

由张开的长裙下摆和塑料救生圈联想到不贴身雨衣,是由眼前感知的事物想到一个现实中还没有的新事物。它是通过分析、综合、比较、抽象、概括等一系列思维活动,认识了一个事物的关键或两种不同事物的共同属性,从而产生出新的信息。

知识点

1. 什么是联想思维

联想思维是由此想到彼,并同时发现了它们共同的或类似的规律的思维方式。

首先,"此"与"彼"的含义既有相同点,又有不同点。相同点:"此"与"彼"都是泛指,可以是事物、现象、表象、概念。不同点:在联想思维中"此"是指感知或感知过的事物。"彼"是指新的,或者说自己从没感知过,甚至客观世界中还没有的事物、判断、设想等。例如,在我们前边举的事例中的"此"是"长裙下摆","彼"则是"充气雨衣"。

其次,联想思维把"此"与"彼"之间联系起来,是因为它看到了它们共同的或相似的规律,这是一个思维的结果。因此,我们说联想思维应该是既有联想特点又有思维属性的思维方式。

2. 联想思维的特征

(1) 目的性和方向性

目的性和方向性是指联想思维是从一定的思考对象出发,有目的、有方向地想到其他事物,以扩大或加强对思考对象某方面本质和规律的认识或解决某一问题。在这一过程中那些与思考对象无关的联想会被抑制下去。而其他联想,如记忆联想,则没有明确的目的方向,不受任何束缚,只是由某一事物或情景引起。如看到黑暗,想到光明;看到飞翔的小鸟,想到快乐自由;看到枝头绿,想到春天到。因此,联想思维是反映事物某方面本质的理性认识活动,是后天培养训练发展起来的,而记忆联想是反映事物现象的感性认识活动,是人的天赋能力。

(2) 形象性和概括性

联想思维是从整体上把握表象画面,而不是顾及细节如何的思维操作活动。如由带钩的草籽想到子母扣;由裙子下摆想到不贴身的雨衣;由蜡烛想到奉献。这里每一组联想、每一幅画面都不是某个具体的形象,而仅仅是带有事物一般特征的形象,即具有一定的概括的特性。

3. 联想思维的形式

（1）相似联想

相似联想就是由某一事物或现象想到与它相似的其他事物或现象，进而产生某种新设想的思维方式。这种相似可以是事物的形状、结构、功能、性质等某一方面或某几个方面。

（2）接近联想

接近联想就是根据事物之间在空间或时间上的彼此接近进行联想，进而产生某种新设想的思维方式。

（3）对比联想

对比联想就是根据事物之间存在着的互不相同或彼此相反的情况进行联想，从而引发出某种新设想的思维方式。

（4）连锁联想

连锁联想就是根据事物之间的各种联系，一环紧扣一环地进行联想，从而引发出新的设想的思维方式。

（5）飞跃联想

飞跃联想就是在看上去没有任何联系、相距甚远的事物之间形成联想，以引发出某种新设想的思维方式。

三、想象思维和联想思维

想象思维和联想思维具有共同性，它们都是对已有事物的提炼、升华、扩展和创造，而不是简单地再现。想象思维往往不能离开联想思维，它们常常同时出现。联想是人头脑中记忆和想象联系的纽带。由人对事物的记忆而引发出思维的联想，通过联想形式将记忆的许多片段进行衔接，并转换为新的想法。主动的、有意识的联想能够积极而有效地促进人的记忆与思维。

有个商人在外做生意。他的同乡要回家，于是他就托同乡带100两银子和一封家书给妻子。同乡在路上打开信一看，原来只是一幅画，上面画着一棵大树，树上有8只八哥和4只斑鸠。同乡大喜：信上没写多少银子，我留下50两，她也不知。同乡将书信和银子交给商人妻子以后，说："你丈夫捎给你50两银子和一封家书，你收下吧！"商人妻子拆信看过后说："我丈夫让你捎带100两银子，怎么成了50两？"那同乡见被识破，忙道："我是想试试弟媳聪明不聪明。"忙把那50两银子送给了商人的妻子。

大家想想商人的妻子怎么知道是100两银子的？

拓展实践

1. 想象思维的自我训练。

　　磁卡的用途越来越广泛,"一卡通"使用起来非常方便。但许多方面还实现不了"一卡通",你希望在哪些地方用磁卡,想象它给你带来的方便有哪些?

2. 根据下列信息,进行强制联想,建立信息之间的综合联想链。

　　足球—讲台　　　　　　鸡蛋—天空

　　小草—北极熊　　　　　滑板—十字绣

模块三　掌握发明技法

教学目标

通过"青少年科技发明"创新实践尝试发明,掌握发明的步骤及技法;提高发现课题及解决课题的能力,体验交流合作及实践成功的喜悦;通过互动学习、合作探究,认识知识产权的重要性,养成创新发明、申请专利的意识,懂得专利的检索和申请方法,树立新的创新观,增进对技术世界的热爱。

教学要求

认知:通过学习和研讨,基本掌握创新发明的步骤及技法,学会发现课题及解决课题的方法,懂得专利的检索、申请和保护方法。

情感态度观念:激发创新兴趣欲望,养成创新发明、申请专利的意识;提高审美品质和能力;增强对技术世界的热爱,体验成功的喜悦。

运用:细心观察生活,主动发现课题及选取课题,灵活运用创新发明的技能技巧参与创新实践,尝试检索和申报专利的工作,增强合作能力。

话题一　确定发明课题

古今中外有许多大大小小的发明家,他们在成功的道路上所走过的路程是各不相同的,但归纳起来,他们的发明过程都有一个基本的模式,即提出发明的课题,思考酝酿解决问题的办法,产生灵感、获得突破并提出技术方案,通过验证从而完成发明。

一、掌握选题原则

(一)需要性原则

 案例

U盘的新用途

GPS导航仪对于要去陌生区域的驾驶员来说,几乎是一个必备装置了。而轻便的智能手机自带的导航功能也让它荣登便携 GPS 设备消费榜前列，只不过，它小巧的屏幕难免让自己的导航功用打了折扣。所以，便有生产公司将导航设备组件进行精简，让它浓缩到一块 U 盘里。如此一来，您便可以将其连接在随身携带的笔记本电脑上，让笔记本电脑的大屏幕充当导航屏。在陌生道路上行驶，大屏幕看起来想必更加轻松。

启示

一位创造发明家说得好："世界上没有什么，祖国人民需要什么，这是发明课题的源泉。"

知识点

"需要是发明之母"。搞发明创造，就是为了解决问题，满足人们的某种需要。如发明笔，是为了写字；发明扇子，是为了凉爽；发明饮料，是为了解渴等。人们的需要，就是发明创造的起点。

纵观世界科技发明历史，从古到今，从四大发明到当今高新技术，从爱迪生的上千种发明到被当代美国公众认为改变 20 世纪的十项发明——飞机、飞艇、火箭、电视、电冰箱、集成电路、水中呼吸器、尼龙、石膏绷带和拉链等，没有一件不是为了满足人们的某种需要而产生和存在的。大发明如此，小发明也不例外。

在我们的小发明实践中，了解社会和人们的需求也是选择发明创造课题的主要思路之一。通过仔细地观察，充分地调查和统计，抓住生活、工作和学习中的某一需要并作为发明课题，然后下功夫去探索研究，运用一定的发明技法，寻找最佳的解决方案，从而取得发明的成功。

互动教学

你能根据自己或他人的某些需要列出几个发明课题吗？

（二）创造性原则

案例1

便携输液设备

下面的这款新型输液设备可以像肩章一样附着在胳膊上，它不仅能让你腾出一只手来做事，而且还允许你在打点滴的时候随意走动。

该产品的手腕固定结构，更是为它的灵活性和稳定性提供了保障。

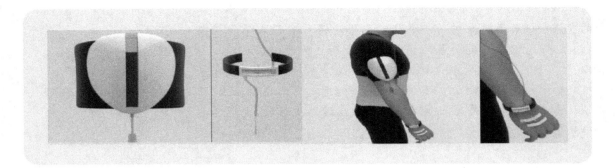

案例2

创意日晷伞

这款设计灵感来自于古时计时工具——日晷的白色伞,伞顶上绘制着一个个数字方块,若是晴天出门,透过它,你便可大致了解当下时间,十分方便。太阳在不同的时段,随着时间变化会产生位移。所以,你只要通过伞柄上的指南针,确立当前方位,再透过伞盖观察太阳的位置,您便可借助数字提示,估算出时间。

这款日晷伞不仅可以抵挡阳光中97%的紫外线辐射,还具有防水功能,即使在雨天使用,也能胜任。当然,不同城市的雨伞,它的数字格局也会不同。

启示

青少年朋友的小发明活动可以在别人创造发明成果的基础上予以补充、改进、变化或重新组合,只要想出别人没有想出来的点子或办法,做出别人没有做出过的东西,那就是创造、创新。

知识点

创造性是发明"三性"之一。发明就是要创造出新的事物或新的方法,必须是第一个造出的、独有的、填补空白的。

为了知道自己的点子和作品是否具有创造性,必须要"查新",即调查一下市场上有没有,有没有人已申请专利,有没有在公开刊物发表等。若发现已有,就重新思考。必要时,多向有经验者咨询,或直接到专利数据库里检索查找。

 互动教学

任何人都具有创造力,你能证明它吗?

(三)可行性原则

 案例

这些发明可行吗?

有的同学设想发明各式"永动机",这显然是违背科学的,绝对不可行。有的同学设想发明"防紫外线的地球罩""雷电存贮器"等,这些设想虽好,体现了丰富的想象力,但由于目前主、客观条件的限制,不一定具有可行性。但你若要发明"太阳能热水器""防紫外线眼镜""避雷装置"等,那肯定可行。

 知识点

发明创造要有勇气,要有决心,甚至要有大胆的想象,但是只有这些还远远不够,要使勇气、决心和大胆想象在发明创造活动中发挥作用,还要遵循可行性原则。选题时要考虑自己的情况,如知识够不够,条件有没有,难度大不大,可行不可行。要考虑自己的主观条件和周围客观条件,处理好需要与可行两方面关系,这才是科学的、实事求是的态度。

 互动教学

砖头除了造房子外,在日常生活中还可有哪些用处?请列举并说明其可行性。

 拓展实践

1. 你在学习、工作、生活和劳动中需要些什么,可这些东西现在还没有?请举出例子。
2. 召开一次信息交流会,交换各自对所闻、所见、所用生活用品的看法,提出相应发明课题,并讨论其可行性。

二、确定选题方向

掌握了发明选题的原则,接下来的问题就是到何处去寻找发明课题。

(一) 身边事物

1. 衣的方面

案例

衣服中的发明课题

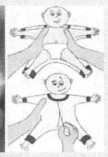

衣服的用途,开始是为了御寒、掩体护身、耐用,后来增加了装饰美貌的功能。

现代人除了上述需求外,又增加了精神上、艺术上的需要。不仅重视功能,更重视精神价值,要求服装质地优良、款式新颖、美观大方。

质地优良——用料要好,加工精致;款式新颖——式样、图案、色彩要新,符合时代潮流;美观大方——能美化、显示自己的体形、身材特点,或弥补某种生理缺陷,或要求表现自己的性格和文化修养等。

针对人们的多样性需要,发明创造出了香味胸衣、绣花服装、变色外衣、健身治病内衣、宇航服等。为满足自己的多种需求,人们为自己准备了形形色色的服装。资料显示,一个日本人准备了60套服装,以适应四季变化和多种场合的需要。

图中这套磁性婴儿外衣使用磁性拉锁代替了传统的纽扣或拉链,不仅省去了给宝宝系扣子的时间,也可以避免由于操作失误让拉链夹到宝宝的皮肤。磁性拉链由特殊的制造方式制成,安全性极高,对宝宝没有任何危害,真是既省力又实用。

2. 食的方面

案例

国际象棋饼干

人类对食品的需要,随着社会的发展逐步提高到一个新的水平。开始是为了温饱,逐渐需要营养餐、美味佳肴。现代的食品也需要不断革新的创意。这款食品国际象棋则可以让您真正地吃掉对方的兵马,消耗掉敌军的战斗力。食品模型的轮廓完全按照国际象棋棋子做成,可以让您方便地将准备好的食材塑成各个不同效用的棋子,摆出针锋相对的食品大军阵仗。

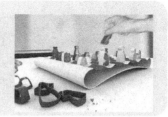

3. 住的方面

建筑的功能变化

建筑,从地球上出现人的时代起就有了,有史以来没有中断过,它随着人类社会的进步而发展。

为了满足人类不同用途的需要,建筑物功能不断增加,由满足防风、避雨、御寒、保暖、隔噪、防震、除尘、安全舒适、冬暖夏凉等需要向满足娱乐、观赏、智能、象征意义、生态建筑方向发展,由单功能向多功能方向发展。现在,人们正在努力使现代建筑向一体化、多功能、综合性、象征性、装饰美、园林化、活动房、个性化方向发展。

图中有这样一座与众不同的房子:由于周围树木繁茂、岩石密布,设计者选择了水面上的金属浮桥当做房子的"地基",当水波荡漾时,整座建筑都会随着波浪微微摇动。整座建筑设计简约,与环境巧妙地融为一体,成为当地极具特色的休闲胜地。

4. 行的方面

交通工具的变迁

从原始人开始用两条腿走路,到家畜代步、简易车船,再到现代人的自行车、汽车、轮船、高速列车、航天飞机、宇宙飞船等,交通工具不断向高速度、高品味和特殊用途的方向发展。在用的方面,不断追求新颖、方便、经济、节能、安全,向着巨型化、微型化和智能化方向迈进。

（自行车）　　（高速列车）　　（飞机）

知识点

统计发现，青少年发明创造作品的选题源于他们所熟悉的日常生活，如衣、食、住、行、文具、工具、用具、教具、量具、玩具等。发明创造改变着人类生活的一切。

互动教学

1. 举例说明"机遇偏爱有心人"。
2. 以"人生充满希望"为主题，填下列表格，选择发明课题。

我理想的物品：
A. 我希望有＿＿＿＿＿＿＿＿＿＿＿＿＿＿；
B. 要是＿＿＿＿＿＿＿＿＿＿＿＿＿＿该多好！

表述你心中的愿望：
A. 我喜欢＿＿＿＿＿＿＿＿＿＿＿＿＿＿；
B. 我爱用＿＿＿＿＿＿＿＿＿＿＿＿＿＿；
C. 新春寄语：＿＿＿＿＿＿＿＿＿＿＿＿。

（二）专门场所

在工厂、车间、超市、旅游景地、娱乐场所、陈列场馆、实践基地等，这些专门场所也会有很多发明课题。我们可以经常走出校门，走进一些专门场所参观、考察、实践，一方面增长见识、活跃身心，另一方面发现问题、发挥想象。这对职业学校的学生而言非常重要。

（三）产品信息

发明需要有生活原型,这原型其实就是已有产品或信息。

我们在下一个话题要学的发明技法,如"列举法""组合法""联想法""类比法""代换法"等,都是在已有产品或信息的基础上进行再加工,创造出新的产品或方法。我们可以通过阅读报刊杂志、调查市场商店、查询专利文献和专利公告等多种形式,搜索现有产品资料和最新信息,根据其适用的范围和特点,选择合适的发明课题。

（图书馆查询）　　　　　　　　　　　　（网上查询）

从身边的事物中寻找发明课题,这也是不少成功发明家的经验所在。"处处留心皆学问",只要你有发明的欲望和兴趣,并且留心观察身边的事物,开动脑筋,多多动手,就会有大量的发明"火花"从你的头脑里蹦出来。

 互动教学

电影《小小发明家》里有这样一个情节：

有一个看护果园的小孩晚上做了这样一个梦,果园里有两只小鸟,当果实成熟后,它们来帮小孩采果子。一只小鸟飞到树上,用嘴把果子咬下来；另一只用嘴叼一个篮子,飞上去把落下来的果子接到篮子里,以免让果子掉到地上摔坏。

请根据这个梦境,发明一种摘果器。

 拓展实践

将你从早上起床后所有的胡思乱想写下来,也许能从中发现发明的课题！

赢在"三创"

话题二　掌握发明技法

发明技术可以诱发人们潜在的创造能力，不仅小发明的选题要应用发明技法，就是设计构思、实施制作和检验评价也要应用发明技法。

一、列举、组合法

列举法是运用发散性思维把问题展开，一一列举出来，以寻求创造发明的思路。它是一种常用的、比较简便的小发明技法，可以应用于原有物品或产品的改革，也可以用于新产品的开发，是最基本的选题方法和设计构思方法。

（一）缺点列举法

 案例

伞的缺点

选取"伞"作为发明课题，可列举出常用的弯柄伞的缺点：伞柄太长携带不方便，伞的结构、颜色单调，给轿车内带来水珠，在教室里撑开晾干不方便；针对上述缺点可研制出带有折叠、自动、瓶状、旋口功能的便携雨伞。

 启示

缺点列举法的应用很大，青少年可以通过观察身边常接触的东西，从不方便、不顺当、不合意、不美观去寻找克服缺点的方法，获得创造发明的灵感。如：方形漏斗、带盖子的垃圾簸箕、延长寿命的跳绳等。

 知识点

任何事物都不可能十全十美，或多或少地存在着这样那样的缺点，即所谓"人无完人，金无足赤"。围绕现有的用具物品列出它的缺点，再针对缺点，提出改革设想，是一种有效而简便的创造方法。

列举缺点就是发现问题，要发现问题，就要克服习以为常、墨守成规、常见不疑等感知障碍。要充分发挥自己的好奇心、求知欲和想象力，只有这样才能在别人看不出问题的地方看出问题，能从别人认为不足为奇的现象中发现问题。

缺点列举法的程序并不复杂,我们可以在市场商品、日常用品、实习工具之中选取发明课题后,针对这个物品采用发散性思维尽量列举出它的缺点,然后将缺点归类整理,筛选出主要缺点,并对缺点加以分析,提出可行性的改革方案。

互动教学

同学们做实验时,经常要用镊子去夹砝码,大的比较重,一用劲儿夹,就容易打滑。砝码掉在地上、桌上、秤盘上,很容易使砝码的镀层损坏,影响砝码的精度。500毫克以下微量砝码很薄,夹角又小,夹取也不方便,掉在地上还不好找,这是一个明显的缺点。你能找出解决办法吗?试试去改进一下镊子。

拓展实践

1. 在实际生活中,一些常用到的物品还存在哪些缺点和不足,我们可以通过什么方法加以改进呢?

2. 召开一次缺点列举会,会议由5~10人参加,会前先由领头人针对某项事务,选举一个需要改革的主体,在会上发动与会者围绕这一主题尽量列举各种缺点,愈多愈好。同时,将提出的缺点逐一编号,记在一张张小卡片上,然后从中挑选出主要的缺点,并围绕这些缺点制定出切实可行的改革方案。

(二)特性列举法

案例

手电筒的改进

对手电筒提出携带方便、形状美观、亮度好、价格便宜等实用新型的改革方案。

若是在商场、医院、地铁等线路较为复杂的室内空间,不幸遭遇紧急大停电,切勿慌张,在场人员大可借助室内配备的应急设备,听从工作人员的指挥,便能化险为夷,转移到明亮的安全地带。设计师则为了应对这种紧急状况,特地给应急手电筒做了升级设计。

这款应急手电筒一般会与急救箱、灭火器、应急锤子等设备一样,用红色玻璃箱封存,并衬以黄色警示标签,放置在醒目的地方。当室内光线被截断,陷入黑暗的时候,大家便会

看到手电筒自动开启，从而能够方便地取用。为了满足多人使用的需求，同时也为了方便成年人照顾同时落难的小孩、老人，这款手电筒还可以拉伸开来，显示出内部的发光LED绳索，方便排列在队伍中间的孩子、老人们紧握，以免走失，而绳索末端连结着的手电筒部分也会开启照明灯，让后方的成人给队伍中部行走的人群照明。

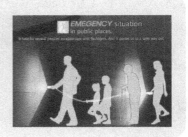

知识点

特性列举法是将发明对象的特性一一列举，进行认真细致的观察分析，然后提出改革方案的一种方法。一般可分两步进行。

第一步：采取"划大类，列小点"的方法，把发明对象的形状、结构、材料和功能等特性，先划分大类，然后列小点。

如选取"手电筒"为发明对象，就可列出以下各种特性：

（1）外形：圆筒形（或矩形，不规则形）；
（2）结构：电源（干电池或镍隔电池），光源（电珠、反光镜），开关（移动式或揿入式）；
（3）外壳材料：金属（铝合金、皮、铜皮），塑料；
（4）功能：照明、信号等。

第二步：提出改革方案。根据列举的每一小点逐个进行分析、评价，对发明对象的外形、结构、材料、功能等提出更新换代的改革方案。

互动教学

你能应用特性列举法对手机的形状、结构、材料和功能等方面提出改进意见吗？

拓展实践

根据我们常戴的手表的特性，是否可因不同情况变换表带的材质及形式？是否可依个人的体型放大或缩小表带呢？

（三）希望点列举法

案例

你的希望点是什么？

希望有一种不用纽扣的雨衣，使穿脱方便，就研制出一种尼龙搭扣的雨衣。希望外出旅行携带方便，一物多用，就提出了旅行刀具、可食用餐具等发明的课题。

（多用旅行刀具）

（可食用的餐盒）

知识点

希望点列举法是根据发明者提出来的种种需求和希望，经过归纳和概括，寻找发明课题和设计的构思的方法。它不同于被动型的缺点列举法和特性列举法，不受现有物品的束缚，应用范围较广，是一种主动型的小发明技法。

列出希望点，需要大胆设想，充分发挥青少年的创造性思维，把科学幻想转化为现实。

希望点列举法的具体做法跟缺点列举法一样，可围绕一个发明课题列出各种需要与希望，然后收集起来进行综合分析，制定出可行的发明方案。

互动教学

每个同学都有文具盒，你希望你的文具盒是什么样子的呢？

拓展实践

召开希望点列举会议，每次可有5～10人参加。会前由会议主持人选择一件需要革新的事情或者事物作为主题，随后发动与会者围绕这一主题列举出各种改革的希望点。

为了激发与会者产生更多的改革希望，可将各人提出的希望用小卡片写出，然后公布在小黑板上，并在与会者之间传阅，这样可以在与会者中产生连锁反应。

会议一般举行1～2小时，产生50～100个希望点，即可结束。会后再将提出的各种希望进行整理,从中选出目前可能实现的若干项进行研究,制定出具体的革新方案。

(四)"特殊人群"列举法

帮助特殊人群解决问题

　　普通杯子,对一般人来说,存在的缺点较少,但对驾驶员、盲人、儿童、躺在床上的病人就有不足之处。门铃、闹钟、手机对聋哑人来说就有缺点。刀、剪刀、热水龙头对儿童就存在安全隐患。红绿灯对色盲者及盲人形同虚设。类似的问题,帮助他们解决,有时就是好发明。

(可坐的拐杖)

(成人如厕时的儿童挂带)

(供盲人识别的汽车左拐指示灯)

　　可以针对以下特殊人群进行发明:老年人、小孩、婴儿、妇女、盲人、聋哑人、下肢全无残疾人、上肢全无残疾人、单腿残疾人、单臂残疾人、色盲者、手指残缺人、病人、驾驶员、交警、军人……

　　你是否对老人、残疾人、儿童、病人、驾驶员、野外作业者、教师等一类人的工作、生活环境细致观察过,找到他们的难处,并为他们解决了呢?

(五)成对组合法

　　成对组合法是将两种或两种以上不同技术因素的现有物品组合在一起的发明技法。

1. 材料组合

　　将不同特性的材料重新组合起来而获得新材料、新功能。

案例

新型U盘

如将U盘和手腕彩圈组合就形成了既实用便捷又具有装饰作用的新型U盘。

2. 用具组合

为了使用方便,把同类用途的用品、工具组合起来。

案例

组合公寓

如可以把厨房设备、书房设备、卧室设备组合在一起。

3. 功能组合

把两种或两种以上不同功能的物品组合起来,产生新的功能。

案例

两用梯子

如将梯子和烫衣板功能组合在一起。

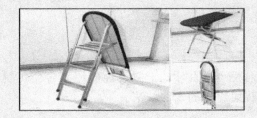

赢在"三创"

组合法是将两个或两个以上已有的技术原理或不同的形态结构,通过巧妙地结合或重组,以获得具有统一的整体功能的新技术、新产品的创造发明方法。

组合法具有普遍性,许多创造发明,说到底就是把各种已有的信息分解开来,然后按新的思路和技巧加以重新组合。据统计,现代技术开发中,组合型成果占全部发明的60%～70%以上。对青少年来说,应用组合法进行小发明,比较容易入门。

有人把扫帚和筷子组合在一起,你能说出这两样东西组合后在什么地方最适用?

(六)辐射组合法

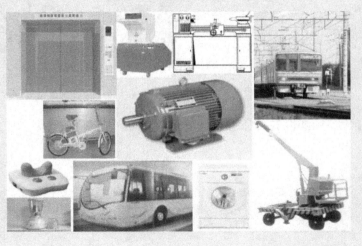

电动机的辐射法

以电动机为中心,将电动车、电动按摩器、电梯等辐射组合。

一项新技术发明后,人们总是千方百计地把它迅速应用到各个传统的技术领域,去推动传统技术的创新,形成新颖技术辐射组合的发明技法。

互动教学

一般的电话机旁边是没有笔的,有时别人打电话来需要记录,就会手忙脚乱,但是电话机上又没有搁笔的地方。

你能否把它们组合一下?

(七)插入式组合法

 案例

尝试插入

以铅笔盒为主体,逐渐插入橡皮盒、三角板插、课表卡、防近视蜂鸣器等;以电风扇为中心、逐渐插入摇头装置、定时装置、分档开关、指示灯;以台灯为中心,插入日历、电子表、笔筒等组合成"多功能灯具"。

 知识点

插入式组合法是一种以技术为主体,插入其他技术,以完善和增加产品功能的发明技法。

 拓展实践

1. 许多老人看报时,往往要戴上老花眼镜,看完后又摘下,很不方便。你能想象这个时候他们都有哪些需求吗?

2. 生活在农村的同学,思考一下家里对农具有什么需求,并在力所能及的范围内解决一两个问题,做出一件发明。

3. 你对回形针有什么新的希望呢?如:能夹两叠纸,既能夹纸又能裁纸。请你根据不同对象的需求,列举3个希望点。

4. 请到百货商店看看,哪些商品是通过组合法发明出来的。

二、联想、类比法

联想法以由一事物想到另一事物的心理过程为特征。巴甫洛夫认为联想法是由于两个刺激物同时或连续发生作用而产生的暂时神经联系。联想是一种创造性思维,也是最常用的发明

赢在"三创"

技法。世界上的许多事物都是相互联系的,要善于联想以启迪发明的思路。但是通过联想要达到发明的效果,还得提高到创造性思维的水平,要根据发散性思维的流畅性、变通性、独特性、精致性的特征,经常训练。事物之间的关系是多种多样的,联想法也有多种形式。

(一)接近联想

 案例

你联想了吗?

从潮水的涨落,联想到潮汐发电;从钢丝锯锯木板,联想到用来切割"松花蛋"的切割器;从甜瓜苗打顶能长出双蔓,联想到棉花苗打顶试验,培育出"一株多杆、双层"的新株型棉花。

 知识点

接近联想是对在时间或空间上相接近的事物形成的联想。

 互动教学

有一辆高档减震自行车,为了放书包,我们给自行车前面安了车筐,但几天以后车筐被捅破了。通过观察发现,问题在于自行车前叉内有弹簧可向下移动,而车筐支杆长度不能变。请同学们根据现实生活中的减震机构对这个自行车进行联想设计。

(二)相似联想

 案例

联想的魅力

"转动书架"是从转椅的相似联想发明的;"爬楼梯车"是从与狗爬楼梯的双脚动作相似的联想发明的;适度而有节奏的声响能催人入眠,从列车行驶的单调声、小雨点的淅沥声联想到在蜂鸣器中增设延时开关发出相似的模拟声,发明"电子催眠器"。

 启示

客观世界众多的相似现象反映到人的大脑中,积累起来形成了知识单元的"相似块",也就是在心理过程中形成暂时神经联系的图式,成为相似联系的基础。现代先进技术都是依赖大脑中贮存的"相似块",运用类比、模拟、仿生、模型等方法进行创造发明的。

如从鳄鱼流泪排泄盐溶液原理,联想到海水淡化;从轮船的螺旋桨表面常有"气蚀"现象(受气泡破灭时所产生的一种冲击力所破坏),相似联想到用超声波在水中产生大量气泡,再使气泡破灭产生一种冲击力,代替洗涤剂,发明了不用洗涤剂的洗衣机;英国鹞式垂直起落飞机,是模拟鹞鸟垂直起落的翅膀结构功能而研制的。

知识点

世界上许多事物存在着相似之处,对有相似特点的事物形成联想称为相似联想。

互动教学

从苍蝇的走路和飞行姿势,同学们可以有哪些相似联想?把这些联想写下来。

(三)对比联想

案例

比比看

从废品、废物反过来联想到"变废为宝";从金刚石转化为石墨反过来联想到把石墨转化为金刚石。

塑料瓶这种看似只能被扔掉的废物在设计师的手中同样可以充满生趣。看到下面的图片中漂亮的吊灯,恐怕很少有人会将它跟废弃的调料瓶联系起来,不过,它的确是由普通的废弃塑料瓶制成的。灯的主体部分是一个球形灯,周围布满很多小孔,只要将塑料瓶插到小孔里面,就变成了这样一个非常美观的吊灯。

赢在"三创"

 知识点

对有对比关系或完全相反的事物形成的联想,称为对比联想。在常规面前,从对立的、相反的角度去思考问题,常呈现出一种奇特的、怀疑的、逆反的心理活动,能把人们的思路引向隐蔽的方面,使之打破常规,克服心理定势,悟出发明思路。

 互动教学

不用剪去角,你能把塑料袋装的酱油灌到瓶子里去吗?请在使用工具、压力原理、灌注吸入等方面展开对比联想。

(四)因果联想

 案例

微波炉的发明

美国工程师斯波塞在做雷达起振实验时,发现口袋里的巧克力溶化了,探究其原因,是雷达发射时的微波造成的,找到因果关系就联想到用微波加热食品,发明了"微波烤炉"。

 启示

有时为了获得某一种发明成果,须经一连串的因果联想才能实现,叫做连锁反应的因果联想。

如因下雪联想到发明"X光感光纸"的连锁反应过程:雪不停—路面结冰—人滑倒—骨科忙—X光胶片走俏—胶片原料短缺—需要发明X光感光纸。这种连锁反应联想法也称"输入输出法",就是给出输入条件和输出目标,联想有关现象和事物的"黑箱"构造,把输入和输出联系起来的发明技法。黑箱是指其内部结构和机理不能够直接观察到,但可以通过外部观测和试验去认识其功能和特性的事物。如想发明下雨能自动关窗户的装置,这是输出目标,输入条件就是普通窗户,采用什么装置就是不能直接观察到的黑箱构造。其连锁反应的因果联想过程为:窗户自动关闭—要有弹性机构—采用弹簧或橡皮筋拉力—下雨能自动关闭—要有控制机构—用卫生纸系结,天下雨纸能破,失去拉力。

 知识点

对有因果关系的事物形成的联想,称为因果联想。

互动教学

1. 请根据其他能转换成电能及电能转换成其他能的因果关系做一些因果联想的创新设计。
2. 生活中哪些物品改用电能以后使用起来更加方便了？请分析它们的因果关系。

（五）仿生类比

 案例

模仿中的发现

模仿鸟的飞行结构发明了飞机；模仿鱼发明了船；模拟手工操作设计了机械手；模拟狗鼻子的嗅觉发明了"电子警犬"；模拟人脑的记忆和逻辑思维过程设计了人工智能；天津市一名中学生模拟人的手臂、手指动作发明了"长臂手"。

 知识点

类比法就是将两个或两个以上的事物进行比较，通过比较找出它们之间的相同或相似之处的一种发明技法。类比法是根植于世界的统一性这个基础上的，事物之间存在着相似性和相关性，提供了从一类对象推到另一类对象的可能性。

仿生类比是指发明对象模仿有关的生物结构功能进行类比的一种发明技法。

 互动教学

请观察我们周围哪些物品是通过仿生类比发明创造出来的，你有什么这方面类似的创新点子吗？

（六）直接类比

案例

比比看

谷物的扬场机是直接类比人工扬场方式而来的；医学上用手叩击病人的胸腹部来诊断是否有腹水的"叩诊法"，是直接类比酒店里的叩击酒桶发出的声音来判断酒的多少而来的；小发明"转动书架"也是类比转椅与书架的相似之处后设计出来的；"冷热水混合三通"是类比都江堰水利工程的分流坝，在普通"三通"的中央加上一块中板，隔断了高压水流对低压水流的冲击，改善了冷热水混合特性。

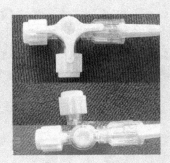

知识点

直接类比是从自然界或者从已有的发明成果出发，寻找与发明对象相类似的东西，通过直接类比，创造新的事物。

互动教学

请你举例说出生活、学习中通过直接类比的方法发明出来的物品。你能用这种技法提出一个发明方案吗？

(七) 因果类比

案例

因果类比举例

面粉添加发泡剂——小苏打,能制成松软的面包;塑料添加发泡剂成为重量轻、隔热、隔音的泡沫塑料;日本人铃木应用因果类比在水泥中加入某种发泡剂,成为发泡水泥;河蚌经过"插片"植入砂子,蚌分泌出黏液将砂包住形成珍珠;在牛胆内类比河蚌的"插片法",把异物植入牛的胆囊里,一年后取出胆囊结石,就成为牛黄。

知识点

两个事物的各个性质、结构、功能等属性之间,可能存在着类似的某种因果关系,从一个事物的因果关系,推断出另一个事物的因果关系而产生出新的发明构思叫因果类比。

1. 在新材料世界中,有一种叫记忆合金的新材料。它比较奇特,好比有这种材料的金属丝,在高温环境下卷成一个圈,然后放置到低温环境下让它伸展开并拉成一条直线稳定下来。当将这种直线金属丝重新放到原先的高温环境时,它又卷成一个圈,也就是它记住了高温环境下的形状。请设想这种材料能不能类比应用到日常物品中?

2. 许多物体内部有不少肉眼看不见的细小孔道,液体遇到这些孔道就会沿着上升(也有少部分液体会下降),这就是毛细现象,如煤油灯、纸张吸水等。你还能举出一些毛细现象的例子吗?请你利用这种现象的原理设计一种有实用价值的物品。

3. 农民在收割油菜后会剩下许多菜子壳,埋肥、当柴烧都没有多大用处,大多数人把它烧掉,既污染了环境又浪费了能源。你能不能把它变成一种有用的东西呢?

三、代换、设问法

采取省略或更替事物的部分结构要素,获得简便、节约、新颖和优化的功能,称为省略、代换法。

任何事物都有其特定的结构要素,以表示其特点和功能。但结构要素是有主次的,如省略或更替其次要的,仍不失其原有的功能,化繁为简,就能获得简便省料的效益。如驱蚊的蚊香,主要的构成要素是除虫菊脂类药物和助燃物,除虫菊脂通过燃烧挥发达到驱蚊、灭蚊的效果,但一般蚊香有烟,又不好闻,要使有烟蚊香成为无烟蚊香,采取省略助燃物的燃料,用电热代替,制成"无烟电热蚊香"。

(一)部件代换

换一换

阿基米德由其洗澡时水从浴缸溢出而悟出了溢出水的体积就是水中身体的体积的道理;用王冠放入水中量出体积来识别王冠的真假,就是采用了代换的思维;我国古时候曹冲称象的故事,也是采用代换法。发明创造时采用部件代换法的例子比比皆是。

小发明"可换式毛笔",可任选大、中、小号毛笔头;拨号式电话换成按键式电话;电灯开关从插入式发展到拉线式,再到拨动式;用人造环境代替天然环境,对珍稀动、植物进行人工养殖,如河鳗、甲鱼、牛蛙、木耳等的人工养殖都是采用部件代换法。

我们看到的自行车车轮都是圆的,能不能改成其他形状?如果改成椭圆形,骑着这种自行车会是什么感觉?

(二)材料代换

代一代

为培养食用菌,用稻草代替棉籽壳;做衣服时用人造纤维代替部分棉麻纤维;制造晶体管时用塑料代替金属;创造小发明时用纽扣代替干电池电源开关等,也都是采用代换法。

互动教学

找出几个使用寿命较短或不耐用的物品,然后思考如何改进它。

例如,为打扫卫生,我们经常要用到扫帚。可普通扫帚用不了多长时间把头就变小报废了。你能用什么方法来延长其使用寿命呢?

(三)概念代换

1."无"字法

 案例

省略主要结构

眼镜是由镜片和框架两个要素组成,如果省略其框架要素,就成为只有镜片的无形眼镜;广播话筒是通过导线载波的,若采用高频发射波长,就可省去导线,成为无线话筒;宁波保国寺的木结构房架,省略了横梁,成为无梁殿;还有无人收费电话、无人售货处、无土栽培法、无线电话、无木材火柴等,都省略了主要结构要素形成新的功能。

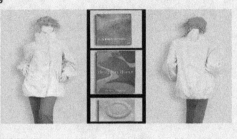

(无线吸尘器)　　(无土栽培)　　(无线打印)　　(无线音箱)

2."防"字法

 案例

"防防"看

防雨、防水、防窃、防火、防臭、防盗、防晒、防锈、防伪、防拆、防腐、防撞、防裂、防雾、防冻、防霉、防摔、防断、防爆、防烟、防雷、防震、防风……

（防撞角）

（防忘时间贴）

3. "免"字法

案例

试试"免"

免洗、免拆、免修、免贴、免提、免削、免吸、免穿、免钉、免冲、免水、免调、免刷、免烫、免切、免烧、免换、免写、免电、免油、免检、免线……

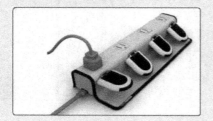
（免拔插头）

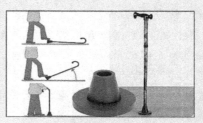
（免捡拐杖）

4. "可"字法

案例

一定"可"

可量、可称、可测、可灭、可浇、可降、可加、可吹、可喷、可转、可携、可看、可听、可变、可插、可调、可控、可拉、可刷、可逆、可移、可收、可拔、可装、可换、可拆……

（可在沙漠中骑行的自行车）

（可洗键盘）

（可携手腕磁性螺丝盘）

互动教学

到百货商店里看看，同一类的商品，它们有没有设置地点方面的差异？收藏方式有什么不同？

 拓展实践

1. 生活中哪些物品可以改为充气式？
2. 根据你观察到的比较大的东西，从缩小的角度去设想一下，是否可行？
3. 请你以一个物品为原型，想想它是不是适合所有的人、所有的季节、所有的环境，如果还有不适用，那么能不能给予改进呢？

（四）奥斯本检核表法

这种方法以设问的方式，对现有的产品或发明，从大小、轻重、粗细、上下、左右、前后、声音、颜色、气味、形状、材料等事物的基本属性出发进行反复推敲，提出问题和设想，以解决发明课题的选择和设计构思。

 案例

1. 现有的发明（产品）有无其他用途？

广州市623路小学学生发明了"二进制—十进制通用实验算盘"；江苏无锡市四中学生利用伞架结构制成"伞形折叠式多功能太阳灶"。

2. 现有发明能否引入其他产品？

这一设问如同组合法中的插合式组合。如在输液瓶体外侧附和一个电子光控电路，成为注射报警器；台灯引入无级调光功能成为调光台灯；电灯在刚发明时只用来照明，后来改进了光线波长，引入新技术，发明了紫外线灯、红外线灯、碘钨灯、霓虹灯。

3. 现有发明能否扩大使用范围，延长使用寿命？

扩大使用范围，如多功能闹钟、多用途钢折椅、多用黑板；延长使用寿命，如织袜厂加固易磨损的袜头和袜跟，改进日光灯固定卡口以及保险门锁、安全灯座等。

4. 现有发明能否改变形状、颜色、音响、味道和制造方法？

如书包、文具盒式样的更新、新型铅笔、音乐门铃、花色面包等。

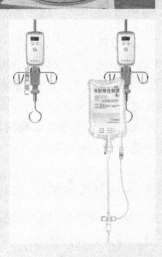

5. 现有发明能否缩小、省略或减轻重量？

如电脑、收录机、MP3等电子产品趋向小型化、微型化。

启示

我国的创造学研究者根据奥斯本检核表法，综合我国的国情和青少年的特点，提炼出10个"聪明的办法"：加一加、减一减、扩一扩、缩一缩、变一变、改一改、联一联、学一学、代一代、搬一搬。

我们在开展小发明、小创造活动中，可按顺序核对思考，得到启发，提出发明的课题和构思设计。

知识点

设问法是根据需要选择发明课题，或针对创造发明的对象设计构思，采取系统的设问方式，列出有关问题和试探解决的方法，逐个核对讨论并进行分析研究的发明技法。这一发明技法由美国创造家奥斯本首创，又称检核表法。

互动教学

1. 厨房用具常常是一样一个用途，以至于每个家庭都有许多厨房用具，比如用于炒菜的炒锅、煲汤的砂锅等。你能不能增加一些用途，使它们达到一物多用的目的？

2. 砧板是家家户户必备的厨房用具，但是普通砧板在使用中有许多不便之处。如果要你为砧板增加一些实用功能，你准备怎么做？

这里要考虑两个方面的问题：(1) 你想为砧板增加什么样的功能？(2) 你准备通过什么方法增加这种功能？

（五）新观念产生提示法

我国创造发明研究者还根据奥斯本的设问法提出了新观念产生提示法，共10条：

(1) 综合；(2) 移植；(3) 杂交；(4) 改变；(5) 放大；(6) 缩小；(7) 转化；(8) 代替；(9) 颠倒；(10) 重组。

互动教学

日常生活中还有哪些物品在使用中存在安全问题，选择一两件物品，通过增加功能的方式，使它们使用起来变得更安全。

 拓展实践

运用上述提示法可对已有的产品、物品或已定的发明课题分别提问，进行发明选题和课题设计。

四、逆向、激励法

逆向思考就是换一个角度或者倒过来思考问题的发明思路。

在探索发明课题时，如果想不出妙计，不妨改变一下思路的顺序，从事物的正反、上下、左右、前后、里外、因果等颠倒一下去思考，常常会产生奇妙的小发明方案。

左↔右	固体↔液体	吹↔吸
前↔后	固定↔移动	推↔拉
软↔硬	平面↔立体	冷↔热
上↔下	手动↔自动	亮↔暗
正↔反	单↔双	凸↔凹

北宋史学家司马光幼年时破缸救人就是采取逆向思考法。司马光一反常规"人离开水"，用了"水离开人"的方法使小孩子获救。许多小发明也常用逆向思考法，如吹风器—吸尘器，放大尺—缩小尺，高档打火机—廉价打火机等。

（一）形态反向

变换一下事物的方圆、大小、长短、平面立体等外表形状。

 案例

变一变

把圆嘴漏斗改为方嘴，使灌液流畅；把胶卷、磁带等用卷曲方法，由长变短；把杯子、伞、行李车等用折叠方法，由大变小；把钓鱼竿、教鞭等用伸缩方法，可长可短；把炊具、工具、茶具等套叠起来，便于放置和装运。

71

（集雨伞）

（防尘扫帚）

 互动教学

你能对我们周围的物品进行形态反向的设想吗？

（二）功能反向

从相反的功能进行创造发明。

 案例

反一反

生发灵——脱毛灵，便于羊、鸭、兔等的脱毛；耐穿、耐用的衣服、物品——廉价、卫生的一次性衣服、筷、饭盒；易进易出的螺丝钉——只进不出的螺丝钉。

 互动教学

生活中有哪些东西在味道、声音、颜色、手感等方面功能反向后，能有新的效果？

（三）结构易位

把原有事物的构成要素的上下、内外、左右、先后、主客等位置变换一下。

 案例

换一换

把左右分岔式手套改为对称式；缝衣针尾部开孔穿线改为头部开孔；当今服装款式盛行内衣外穿；还有主客颠倒，从刀磨石换成石磨刀，车床从转动车换成转动刀具等。

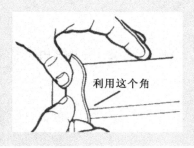 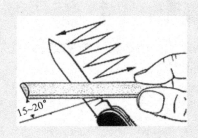

 互动教学

请举出几个利用结构易位原理设计开发的现实物品。你能设计吗?

(四) 因果互易

因果转换、循环往复是自然界和人类社会存在的普遍现象。

 案例

因果转换

在生态系统中,能量不断沿着太阳—植物—植食性动物—肉食性动物的方向流动;谷物喂鸡—鸡粪喂猪—猪粪种谷物,形成良性循环;风—风车—发电—电扇—风。自然界的物质交换生态平衡存在着因果转换,要从中挖掘潜能。

 互动教学

抽取我们生活中的 3 件物品,并从因果原理角度分析设想出 3 件新的产品。

（五）缺点逆用

事物都具有两重性。用缺点列举法改进缺点是一种发明技法，有时利用缺点，为缺点找到用途也是一种发明技法。

 案例

找缺点，再发明

利用生活垃圾制造沼气；在工业垃圾中提炼稀有金属。纸绳易湿、易断是一个缺点，北京市一个小学生利用这个缺点，发明"下雨自动收衣"的晾衣架；有些化纤织物有静电吸附力，衣服容易脏，利用这一缺点，用化纤织物制成掸帚、吸尘器等。

 互动教学

每年夏天的台风对我们人类的人生财产安全造成了巨大的损失，请你用缺点逆用的方法进行一项创新设计或创意设想。

（六）头脑风暴

人们要求获得创造发明的成果，首先要有较多、较好的创造性设想。为了产生新的设想，通过集体小组的形式，创设一个有利于相互启发、引起联想、激励智慧、产生共振的优良环境，有助于开发人们的创造力。

智力激励法就是通过小组集体形式在较短时间内激发创造性思维的一种发明技法。这一技法也是美国奥斯本首创，原名"头脑风暴法"，传入我国后被译为"集思广益法""狂想法""诸葛亮会"等。

"头脑风暴法"之所以具有激发创造发明思路的效果，有其一定的理论基础。如：创设一个宽松、和谐、融洽的环境气氛，有利于诱发创造性思维；小组形式集体设想，能互相启迪，形成共振；有限的短时间内提出设想，爆发出"急能生智"的心理效应；要求畅所欲言，不作分析评价，使与会者不顾忌他人的嘲笑，产生一种心理安全感。

案例

头脑风暴法

小组会设一个主持人和一两名记录员,参加会议人数不超过10人,时间掌握在1小时以内,具体步骤如下:

1. 准备阶段:包括课题的产生、主持人选定、确定与会人员。
2. 预备阶段:小组人员到会后,采取猜谜、智力竞赛等小型活动,形成愉快、宽松、融洽、和睦的气氛。
3. 明确课题。(自定)
4. 自由畅谈:主持人要严格掌握会议的"五条原则",创造一个人人都充分发言的气氛,要鼓励大家围绕课题提出各种设想,诱导启发产生共振,引爆联想。记录员要详细记下每一设想和方案。
5. 会后整理:会议结束后由专人整理,分类归纳,列出既可行而又有效的设想组织实施。

小组会议应遵守的"五条原则":第一,与会者要敞开思路,提倡独立思考,自由联想,想法越新奇越好;第二,会上不允许批评或指责别人提出的设想,也不作判断性结论,会后再整理评价;第三,每人每次只谈一个设想,表达要简明;第四,要注意倾听别人的发言,获得启发,产生联想;第五,对提出的设想不作评价,一律都记录下来。

 互动教学

外科手术的最后一环是缝合刀口,传统的方法是用医用线靠医生双手一针一针的缝起来的,既费力、费时又容易引起创口感染。缝合刀口实际上就是将刀口的两边牢固地、平整地贴在一起,以利于伤口的愈合。这种情况在日常生活中有没有?日常生活中两东西拼合的方法能移植到外科伤口的缝合上吗?

 拓展实践

请从专利文献中选出自己感兴趣的一项专利,对其作全面分析,并提出你对此项专利的改进意见。

话题三 申报知识产权

一、专利并不深奥

（一）知识产权的基本组成

知识产权是智力劳动成果所享有的权利，是一种无形产权。主要包括专利、商标、版权、商业秘密、制止不正当竞争、原产地名称、其他智力劳动成果。

 互动教学

知识产权主要包括（　　）部分？
A. 专利、商标　　　　B. 专利、商标、著作权　　　　C. 工业产权、专利权

（二）专利

专利分为发明专利、实用新型专利和外观设计专利。

1. 发明

发明是指对产品、方法或其改进所提出的新技术方案。

产品，如一种用于开关柜的冷却设备，该设备具有一个包括压缩机、蒸发器和冷凝器的制冷回路；一种工具机床的刀把座结构；一种多功能旋压成形机床，它由床身、床头箱、行星旋压装置、工件卡紧装置、芯棒、液压站及操纵台组成。

方法，如开关柜内插头温度异常在线预警的方法；一种含有液体酸的固体催化剂及其制备方法；纳米复合抗菌剂及其制备方法等，可以是工艺，也可以是制作、加工方法等。

2. 实用新型

实用新型是指对产品的形状、构造或者其结合所提出的适于实用的新的技术方案。

例如，一种新型高压开关柜机械联锁装置，它只是保护装置结构，而不可以保护方法、工艺等内容。实用新型只限于具有一定形状的产品，不能是一种方法，也不能是没有固定形状的产品，对实用新型的创造性要求不太高，而实用性较强。

产品的形状是指产品所具有的、可以从外部观察到的确定的空间形状。对产品形状所提出的技术方案可以是对产品的三维形态的空间外形提出的技术方案，如对凸轮形状、刀具形状作出的改进；也可以是对产品的二维形态提出的技术方案，如对型材的断面形状的改进。

产品的构造是指产品的各个组成部分的安排、组织和相互关系。产品的构造可以是机械构

造,也可以是线路构造。机械构造是指构成产品的零部件的相对位置关系、联接关系和必要的机械配合关系等。线路构造是指构成产品的元器件之间的确定的连接关系。

复合层可以认为是产品的构造,产品的渗碳层、氧化层等属于复合层结构。

3. 外观设计

外观设计是指对产品的形状、图案或者其结合以及色彩与形状、图案的结合所作出的富有美感并适于工业应用的新设计。

互动教学

1. 某育种专家培养出水稻新品种,该植物新品种的知识产权保护方式为(　　)。
A. 专利保护　　　　B. 植物品种权保护　　　　C. 技术秘密保护
2. 按照我国《专利法》的规定,专利有(　　)三种。
A. 发明、小发明、外观设计
B. 发明、实用新型、外观设计
C. 小发明、实用新型、外观设计

拓展实践

中学生李某制作了一项小发明,他在18周岁之前可以申请专利吗?要得到学校的同意吗?是有了设计图纸就可以申请专利还是必须制作好实物才能申请呢?

(三)专利的特性

专利权是依照法律规定,根据法定程序赋予专利权人的一种专有权利。它是无形财产权的一种,与有形财产相比,具有以下主要特征:

1. 独占性

独占性亦称垄断性或专有性。它是专属权利人所有的一种专有权,专利权人享有占有、使用、收益和处分的权利。

2. 时间性

时间性即指专利权具有一定的时间限制,也就是法律规定的保护期限。各国的专利法对于专利权的有效保护期均有各自的规定,而且计算保护期限的起始时间也各不相同。发明专利权的期限为20年,实用新型和外观设计专利权的期限为10年,均自申请日起计算。

3. 地域性

地域性就是对专利权的空间限制。它是指一个国家或一个地区所授予和保护的专利权仅在该国或地区的范围内有效,在哪个国家申请,就在哪个国家受到保护,对其他国家和地区不产生法律效力,其专利权是不被确认与保护的。如果专利权人希望在其他国家享有专利权,那么,必须依照其他国家的法律另行提出专利申请。中国专利只能够在大陆范围内有效,不包括香港、澳门、台湾,同样中国香港、澳门、台湾专利在大陆也不受到保护。

 互动教学

1. 根据《专利法》规定:(　　),是指同申请日以前已有技术相比,该发明有突出的实质性特点和显著的进步,该实用新型有实质性特点和进步。
A. 创造性
B. 实用性
C. 新颖性

2. 授予专利权的发明和实用新型应当具备(　　)。
A. 新颖性、创造性、实用性
B. 新颖性、显著性、实用性
C. 新颖性、突破性、实用性

 拓展实践

专利权是一种知识产权,其时间性和地域性限制体现在哪里?

二、申请专利须知

一件发明或实用新型专利申请应当限于一项发明或实用新型。一件外观设计专利申请应当限于一种产品所使用的一项外观设计。

专利申请日在法律上具有十分重要的意义:它确定了提交申请时间的先后,按照先申请原则,在有相同内容的多个申请时,申请的先后决定了专利权授予谁;它确定了对现有技术的检索时间界限,这在审查中对决定申请是否具有专利性关系重大。申请日是审查程序中一系列重要期限的起算日,文件是邮寄的以寄出的邮戳日为申请日。

(一) 申请程序

专利申请的程序简单说就是申请人向国家提出申请,国家经过审查并批准。专利权从批准之日起生效。发明专利、实用新型专利和外观设计专利审查的程序和标准不一样,所需要提交的申请文件也不相同。申请发明专利、实用新型专利,应当提交请求书、说明书、附图、摘要、权利要求书等文件。申请外观设计专利,应当提交请求书以及该外观设计的六面图片或者照片等文件。

创新篇

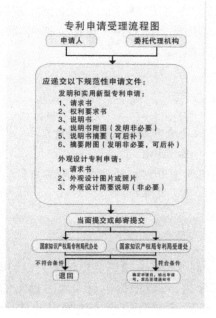

 互动教学

如果你想为你的发明或设计申请专利,你认为应向( )申请。

A. 省专利管理机关　　　　　　　　B. 市专利管理机关
C. 国家知识产权局专利局　　　　　D. 工商局

 拓展实践

1. 我国专利法规定,两个或两个以上的专利申请人就相同内容先后提出申请,( )有权获得专利权。

　　A. 第一个完成发明创造的人　　　　B. 第一个提出专利申请的人
　　C. 都可以

2. 申请费、发明审查费和专利权授予后3年内的年费减缓比例是职务发明为70%,非职务

79

发明为( )。

A. 60% B. 70% C. 80% D. 85%

（二）准备资料

发明和实用新型应提交技术方案结构图和文字说明。包括要求保护的技术方案；实用新型所要解决的技术问题以及解决其技术问题采用的技术方案，并对照现有技术写明实用新型的有益效果；实用新型具体实施方式技术方案的结构图。如装配图、结构图、电路图等。

外观设计应提交产品的六面视图或六面照片。包括主视图、后视图、左视图、右视图、俯视图、仰视图，有必要的可以提交立体图。

互动教学

1. 专利申请人向国家知识产权局专利局提交的专利请求书,应当用( )填写。
   A. 中文   B. 英文   C. 中文或英文
2. 根据《专利法》的规定,实用新型专利权的保护期限为自( )之日起的10年。
   A. 申请日   B. 批准日   C. 公告日

（三）专利审查

专利申请采用先申请原则,专利权授予先申请的申请人。专利审查以申请日为基准。

发明专利申请自申请日起三年内,可以根据申请人随时提出的请求对其申请进行实质审查。对发明专利申请进行实质审查后,认为不符合本法规定的,应当通知申请人,并予以驳回。发明专利申请经实质审查没有发现驳回理由的,发给发明专利证书。发明专利权自公告之日起生效。

实用新型和外观设计专利申请经初步审查没有发现驳回理由的,授予实用新型专利权或者外观设计专利权,发给相应的专利证书。实用新型专利权和外观设计专利权自公告之日起生效。

专利申请人对驳回申请的决定不服的,可以向专利复审委员会请求复审。专利申请人对专利复审委员会的复审决定不服的,可以向人民法院起诉。

互动教学

对于符合专利法规定的专利申请,由国务院专利行政部门颁发( )。
A. 发明证书   B. 专利证书   C. 独占实施证书   D. 科技成果证书

（四）申请人

1. 专利权人与发明人

申请人是有申请权的个人和法人，专利批准后成为专利权人，专利权人是专利权的所有者，有权对专利权进行处分。

而发明人或设计人不享有专利权。发明人或者设计人发明创造专利实施后，根据其推广应用的范围和取得的经济效益，对发明人或者设计人给予合理的报酬。

被授予专利权的国有企业、事业单位应当自专利权公告之日起3个月内发给发明人或者设计人奖金。一项发明专利的奖金最低不少于2000元；一项实用新型专利或者外观设计专利的奖金最低不少于500元。

在专利权的有效期限内，实施发明创造专利后，每年应当从实施该项发明或者实用新型专利所得利润纳税后提取不低于2%或者从实施该项外观设计专利所得利润纳税后提取不低于0.2%，作为报酬支付发明人或者设计人。

许可其他单位或者个人实施其专利的，应当从许可实施该项专利收取的使用费纳税后提取不低于10%作为报酬支付发明人或者设计人。

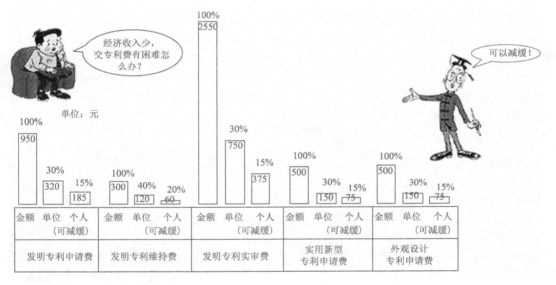

2. 职务发明创造与非职务发明创造

执行本单位的任务或者主要是利用本单位的物质技术条件所完成的发明创造为职务发明创造。本单位的物质技术条件是指本单位的资金、设备、零部件、原材料或者不对外公开的技术资料等。职务发明创造申请专利的权利属于该单位；申请被批准后，该单位为专利权人。

职务发明创造包括在本职工作中作出的发明创造，履行本单位交付的本职工作之外的任务所作出的发明创造，退职、退休或者调动工作后1年内作出的、与其在原单位承担的本职工作或者原单位分配的任务有关的发明创造。

非职务发明创造申请专利的权利属于发明人或者设计人;申请被批准后,该发明人或者设计人为专利权人。利用本单位的物质技术条件所完成的发明创造,单位与发明人或者设计人订有合同,对申请专利的权利和专利权的归属作出约定的,从其约定。

两个以上单位或者个人合作完成的发明创造、一个单位或者个人接受其他单位或者个人委托所完成的发明创造,除另有协议的以外,申请专利的权利属于完成或者共同完成的单位或者个人;申请被批准后,申请的单位或者个人为专利权人。

3. 专利权人要按规定交纳专利的申请费

发明专利要交纳实质审查费、专利维持年费。没有按时交纳则表示放弃专利权,而且不能恢复。国家有相关的费用减缓政策规定,前3年的维持年费和申请费按比例缓交,取得收益后补交。

  互动教学

某位职工拟就一项非职务发明申请专利,(　　)。
A. 须经单位领导同意　　　　B. 可以直接向国家知识产权局专利局递交申请
C. 须经有关部门审批　　　　D. 须经专家鉴定

2. 外国人不能在中国申请专利,对吗?

  拓展实践

职务发明创造是指(　　)。
A. 工作时间构想的发明创造
B. 调动工作一年后完成的发明创造
C. 执行本单位任务或主要是利用本单位的物质技术条件所完成的发明创造

(五) 申请条件

1. 一个发明不能够申请两项专利

例如,一个是发明专利申请99120607.X与一个是实用新型专利申请99230261.7,属于同一申请人提出的两个专利申请,这两个申请其中一个实用新型专利申请99230261.7已经授权,实用新型专利一般一年左右授权,另一个发明专利申请99120607.X尚待授权。就一般审查程序而言,发明专利则会晚一些。这种情况,即在发明专利申请的审查中发现一项发明专利申请符合被授予专利权的条件,但申请人已经就同样的发明创造获得一项实用新型专利权时,不采取直接将该发明专利申请驳回的做法,而是通知申请人在实用新型专利权和发明专利权之间任择其一。

2. 我国对实用新型专利申请实行初步审查制

对发明专利申请实行早期公开延迟审查制,而发明专利申请的实质审查需要较长的时间。

有些申请人既希望获得较长的专利保护期限,又希望能够尽快地获得专利权,因此常常采取就同一发明创造同时或者先后申请一项发明专利和一项实用新型专利的做法。这样做既坚持了禁止重复授权的原则,同时又具有一定的灵活性。

失效的专利产品不再受保护。因为失效的专利均已获得过专利权,并已向社会公开了,重新提交的专利申请不具有新颖性。但在原专利基础上经改进后的发明创造,符合授予专利权的条件的发明创造,申请专利后有可能被授予专利权。

一种产品的新用途可以申请专利。用途发明是指将公知产品用于新的目的的发明。如果产品的新用途能够产生预料不到的技术效果,则这种用途具有突出的实质性特点和显著的进步,该发明具备创造性。例如,将作为木材杀菌剂的五氯酚制剂用做除草剂而取得了意想不到的效果,该发明具备创造性。但是,如果新的用途仅仅是使用了已知材料的公知的性质,则不具备创造性。例如,将作为润滑油的公知组合物在同一技术领域中用做切削剂,则不具备创造性。

3. 授予专利权的发明和实用新型应当具备的特性

(1) 新颖性

新颖性是指在申请日以前没有同样的发明或者实用新型在国内外出版物上公开发表过、在国内公开使用过或者以其他方式为公众所知,也没有同样的发明或者实用新型由他人向国务院专利行政部门提出过申请并且记载在申请日以后公布的专利申请文件中。

(2) 创造性

创造性是指同申请日以前已有的技术相比,该发明有突出的实质性特点和显著的进步,该实用新型有实质性特点和进步。

(3) 实用性

实用性是指该发明或者实用新型能够制造或者使用,并且能够产生积极效果。

具备新颖性、创造性和实用性是授予发明和实用新型专利权的实质性条件。

《专利法》第二十三条规定:授予专利权的外观设计,应当同申请日以前在国内外出版物上公开发表过或者国内公开使用过的外观设计不相同和不相近似,并不得与他人在先取得的合法权利相冲突。

互动教学

下列各选项中,哪一选项所列内容均属于专利法保护的智力成果?( )

A. ① 关于一种新化学元素的发现;② 一种新型高分子材料的聚合方法
B. ① 一种速算方法;② 一种演示计算方法的教学用具
C. ① 一种减肥新药;② 一种新型减肥食品
D. ① 一种诊断早期肝癌的新方法;② 一种新的放射疗法

三、专利保护方法

（一）专利的寿命年限

发明专利权的期限为 20 年，实用新型和外观设计专利权的期限为 10 年，均自申请日起计算。专利权期满，专利权即行终止，专利权期限届满后不能再延长。

专利权的终止是指专利权保护期限已满或由于某种原因专利权失效。主要有以下几种情况：

1. 没有按照规定交纳年费

专利权人未按照规定缴纳年费的，专利权即提前终止，相当于专利权人放弃了专利权。

2. 专利权人以书面声明放弃专利权

专利权人可以主动放弃专利权。主动放弃专利权的，应当提出书面声明。放弃专利权只能放弃一件专利的全部，放弃部分专利权的声明视为未提出。放弃一件有两名以上专利权人的专利，应当由全体权利人同意。部分权利人放弃专利权的应当办理著录事项变更手续。

3. 他人可以请求国家宣告该专利权无效

任何单位或者个人认为该专利权的授予不符合本法有关规定的，可以请求专利复审委员会宣告该专利权无效。宣告无效没有期限。被宣告无效的专利，视为自始即不存在。对在宣告专利权无效前人民法院作出并已执行的专利侵权的判决、裁定，已经履行或者强制执行的专利侵权纠纷处理决定，以及已经履行的专利实施许可合同和专利权转让合同，不具有追溯力。但是因专利权人的恶意给他人造成的损失，应当给予赔偿。

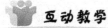
互动教学

1. 我国发明专利权的保护期限为（   ）。
A. 10 年 B. 15 年 C. 20 年 D. 25 年
2. 我国实用新型和外观设计专利权的保护期限为（   ）。
A. 10 年 B. 15 年 C. 20 年 D. 25 年
3. 根据我国《专利法》的规定，（   ）是专利权人的法定义务。
A. 缴纳专利年费
B. 禁止他人实施专利
C. 许可实施已获专利的发明创造

（二）专利保护的范围

发明和实用新型专利权被授予后,除本法另有规定的以外,任何单位或者个人未经专利权人许可,都不得实施其专利,即不得为生产经营目的制造、使用、许诺销售、销售、进口其专利产品,或者使用其专利方法以及使用、许诺销售、销售、进口依照该专利方法直接获得的产品。

外观设计专利权被授予后,任何单位或者个人未经专利权人许可,都不得实施其专利,即不得为生产经营目的制造、销售、进口其外观设计专利产品。

发明或者实用新型专利权的保护范围以其权利要求的内容为准,说明书及附图可以用于解释权利要求。对于发明和实用新型的保护可以采用等同原则。

外观设计专利权的保护范围以表示在图片或者照片中的该外观设计专利产品为准。

未经专利权人许可,实施其专利,即侵犯其专利权,引起纠纷的,由当事人协商解决;不愿协商或者协商不成的,专利权人或者利害关系人可以向人民法院起诉,也可以请求管理专利工作的部门处理。

互动教学

1. 发明或实用新型专利权的保护范围以(　　)内容为准。
A. 说明书　　　B. 权利要求书　　　C. 附图　　　D. 请求书
2. 甲拥有一项炊具的外观设计专利,乙得知后便在其生产销售的酒具上标印了甲的专利号,乙的行为(　　)。
A. 侵犯了甲的专利权　　　　　B. 构成假冒他人专利
C. 构成冒充专利　　　　　　　D. 既构成假冒他人专利,也构成冒充专利

拓展实践

1. 下列不属于我国《专利法》保护的类型的一项是(　　)。
A. 发明　　　　　　　B. 实用新型　　　　　C. 集成电路布图设计
2. 外观设计专利的保护范围应当根据(　　)确定。
A. 说明书加图片或照片　　B. 图片或照片　　　C. 实物模型或样品
3. 中国专利在(　　)受保护。
A. 中国大陆　　　　　B. 世界各国　　　　　C. 中国大陆和台湾

话题四　检索发明专利

一、检索专利资源

专利文献是各个国家和地区专利局正式的出版物，可以通过各种方式收集和查询。现在世界上有些国家开放网络免费查询专利文献，中国专利局就是其中之一，可以提供全文的免费检索在中国申请公开的所有专利资料。

一般在企业中，主要利用的是本国的专利文献，世界上最主要的是七国（中、美、日、英、法、德、瑞士）、两组织（世界知识产权组织、欧洲知识产权组织）的专利文献。比如：

1. 国家知识产权局专利检索：http://www.sipo.gov.cn；
2. 中国专利文献网上检索系统：http://www.cnipr.com/；
3. 中国专利信息网：http://www.patent.com.cn；
4. 专利搜索引擎：http://www.soopat.com/；
5. 美国专利局网站：http://www.uspto.gov；
6. IBM 专利网站：http://www.delphion.com；
7. 欧洲专利局信息网站：http://ep.espacenet.com。

1. 在专利文献中，号码"CN101113002"是什么编号？查找该号码的专利，并写出专利名称、发明人、申请人、申请日及专利类型。
2. 查美国专利和欧洲专利（2篇）：有关 Chemical analysis 装置和试验方法方面的各查1个，分别列出专利权人、专利名、专利号。

二、检索专利步骤

尝试检索

小丁同学想发明一项"不弯腰的乒乓球拾球器"，如果直接将这名称输入"名称"栏检索，结果仍是"没有检索到相关专利"。如果在"名称"栏内输入"拾球器"，在"摘要"栏中输入"乒乓球"，就能检索出32项类似专利。如果将拾球器改为"捡"再检索，就能检索出41项类似专利，再将"拾"改为"拣"再检索，又出现6项。在"名称"栏内输入"乒乓球"，在"摘要"栏中输入"拾"就会出现75项专利。所以，直接以自己的设想作为关键词来输入"名称"是不可取的。

词优于式,字优于词,少字词优于多字词。但不要一下子用"字"或"少字词"进入,因为会出现的量很大。应该按这样的顺序检索:式→多字的词→少字的词→字。

要寻找一个新的发明创造项目,固然可以在自己熟悉的生活中去挖掘。但是由于种种原因,一时难以找到适合的项目。因此,从专利文献中去寻找适合于自己改进的专利项目,从而变成自己的创新作品,未尝不是一个好的方法,一条适合于青少年搞发明创造的捷径。

比如,我们在通过专利检索从中来选择自己的发明创造课题时,建议登录国家知识产权局网站,使用"高级检索"中的"名称"来进行检索。在"名称"中输入关键词时,不要急于将自己的设想输入进去检索。

检索步骤如下图所示:

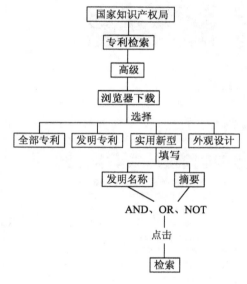

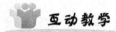

下面以一个实例来说明具体检索的方法。例如,想发明一项"省电的电动车",如果直接将这名称输入"名称"栏检索,结果是:"没有检索到相关专利!"。应该在"名称"栏内输入"电动车",在"摘要"栏中输入"省电",进行检索,可检索出发明专利12项,实用新型专利18项。

赢在"三创"

第一步：打开国家知识产权局网站

第二步：在网站首页点击高级搜索

第三步：输入名称和摘要

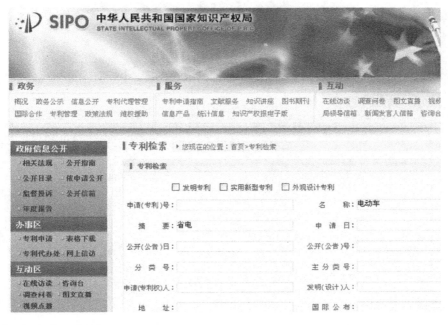

第四步：点击某项专利

第五步：点击"实用新型说明书"查看内容

申请（专利）号：	200720057325.9		
实用新型说明书（12）页			
申 请 号：	200720057325.9	申 请 日：	2007.09.21
名 称：	带有变速器及柔性结合的电动车驱动装置		
公开（公告）号：	CN201113661	公开（公告）日：	2008.09.10
主 分 类 号：	H02K7/116 (2006.01)I	分案原申请号：	
分 类 号：	H02K7/116 (2006.01)I;H02K7/108 (2006.01)I;B62M7/12 (2006.01)I		
颁 证 日：		优 先 权：	
申请（专利权）人：	广州天马集团天马摩托车有限公司		
地 址：	510925广东省广州市从化市从樟路3号		
发明(设计)人：	刘维嘉	国际申请：	
国际公布：		进入国家日期：	
专利代理机构：		代 理 人：	

第六步：读出专利说明书

[19] 中华人民共和国国家知识产权局 [51] Int. Cl.
　　　　　　　　　　　　　　　　　　　H02K 7/116 (2006.01)
 [12] 实用新型专利说明书   H02K 7/108 (2006.01)
　　　　专利号 ZL 200720057325.9   B62M 7/12 (2006.01)

[45] 授权公告日 2008 年 9 月 10 日　　[11] 授权公告号 CN 201113661Y

[22] 申请日 2007.9.21
[21] 申请号 200720057325.9
[73] 专利权人 广州天马集团天马摩托车有限公司
　　地址 510925 广东省广州市从化市从樟路3号
[72] 发明人 刘维嘉

权利要求书3页 说明书4页 附图4页

[54] 实用新型名称
　　带有变速器及柔性结合的电动车驱动装置
[57] 摘要
　　带有变速器及柔性结合的电动车驱动装置，属电动车技术领域。解决技术问题是提供有变速器及离心离合器的驱动装置。解决方案如下：带有变速器及柔性结合的电动车驱动装置，包含轮毂、左盖板、右盖板、中轴、电机、变速器及离心离合器；轮毂设左右两段，中轴装在轮毂内，电机装在中轴右段与轮毂右段内壁之间，左、右盖板分别装在中轴两端并固定在轮毂两端面上；变速器装在中轴左段与轮毂左段内壁左端之间，其输入端与离心离合器连接，输出端与轮毂连接；离心离合器装在中轴左段与轮毂左段内壁右端之间，其输入端与电机连接，输出端与变速器连接。有益效果：满足了电动车在启动和爬坡以及在坡地上起动的需求，当电动车行驶时，可关闭电源滑行省电。

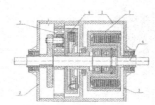

拓展实践

1. 检索有关金属钽的生产技术专利。
提示：可使用分类法和主题词法相结合的方法。
2. 检索专利号为 02143911.7 的专利的法律状态。
提示：利用"法律状态检索"。
3. 检索日本在中国申请的有关数码相机成像技术方面的专利。
提示：
（1）日本在中国申请的专利，请大家考虑可用哪些字段加以限制；
（2）在国家知识产权局的网站中可使用地址以及优先权日，结果稍有差别；
（3）在专利信息中心的数据库中可使用国别代码字段。

三、检索注意要点

我们青少年在寻找发明创造课题时，一般不可能知道所寻找项目的"专利号""申请日""公开（告）号""公开（告）日""申请（专利权）人""发明（设计）人""地址""分类号""主分类号""颁证日""专利代理机构""代理人""优先权"及"国际公布"等。如果随意在"专利号"栏目中输入一个，如"032%"，并点击实用新型专利的方框，就可以检索到 95492 个实用新型专利项目，实在是太多了，看不过来。

所以，最方便的也是最实用的检索入口，就是"名称途径"入口和"分类号途径"入口，其中"名称途径"可以应用"模糊检索""逻辑检索"。

检索系统提供了专利号、名称、摘要、地址、分类号等字段的检索入口，并且在多个字段支持模糊检索。其中，1 个字符如果不知道，则可用"？"代替，多个字符如果不知道，则可用"％"代替。

下面将从每个字段的含义和检索实例来介绍高级检索的使用方法。

（一）专利号

申请号和专利号由 8 位或 12 位数字组成，小数点后的数字或字母为校验码。在 2003 年 9 月 30 日以前申请的专利，其申请（专利）号是由 8 位数字组成的：前两位数字是年份，第 3 位数字如果是 1 则表示该专利是发明专利，如果是 2 则表示该专利是实用新型专利，如果是 3 则表示该专利是外观设计。在 2003 年 9 月 30 日以后申请的专利，其申请（专利）号是由 12 位数字组成的，第 5 位数字表示该专利项目是一个什么专利。

专利号可实行模糊检索。模糊部分位于申请号（或专利号）起首或中间时应使用模糊字符"？"或"％"，位于专利号末尾时模糊字符可省略。

互动教学

检索实例:

1. 已知申请号为99120331.3,可键入"99120331"。如申请号为200410016940.6,应键入"200410016940"。

2. 已知申请号前五位为99120,应键入"99120%"。

3. 已知申请号中间几位为2033,应键入" %2033% "。

4. 已知申请号中包含91和33,且91在33之前,应键入"%91%33"。

(二)名称

专利名称的键入字符数不限。

专利名称可实行模糊检索,模糊检索时应尽量选用关键字,以免检索出过多无关文献。模糊部分位于字符串中间时应使用模糊字符"?"或"%",位于字符串起首或末尾时模糊字符可省略。字段内各检索词之间可进行 and、or、not 的逻辑运算。

互动教学

检索实例:

1. 已知名称中包含"照相机",应键入"照相机"。

2. 已知名称中包含"汽车"和"化油器",且"汽车"在"化油器"之前,应键入"汽车%化油器"。

3. 已知名称中包含"汽车"和"化油器",应键入"汽车 and 化油器"。

4. 已知名称中包含"汽车"或者"化油器",应键入"汽车 or 化油器"。

5. 已知名称中包含"汽车",但不包含"化油器",应键入"汽车 not 化油器"。

(三)摘要

专利摘要的键入字符数不限。

专利摘要可实行模糊检索,模糊检索时应尽量选用关键字,以免检索出过多无关文献。模糊部分位于字符串中间时应使用模糊字符"?"或"%",若位于字符串起首或末尾时,模糊字符可省略。字段内各检索词之间可进行 and、or、not 的逻辑运算。

互动教学

检索实例:

1. 已知专利摘要中包含"网络",应键入"网络"。

2. 已知专利摘要中包含"闸瓦"和"摩擦系数",且"闸瓦"在"摩擦系数"之前,应键入"闸瓦%摩擦系数"。

3. 已知名称中包含"闸瓦"和"摩擦系数",应键入"闸瓦 and 摩擦系数"。

4. 已知名称中包含"闸瓦"或者"摩擦系数",应键入"闸瓦 or 摩擦系数"。

5. 已知名称中包含"闸瓦",但不包含"摩擦系数",应键入"闸瓦 not 摩擦系数"。

(四) 申请日

申请日由年、月、日三部分组成,各部分之间用圆点隔开;"年"为 4 位数字,"月"和"日"为 1 或 2 位数字。

检索实例:

1. 已知申请日为 1999 年 10 月 5 日,应键入"1999.10.5"。

2. 已知申请日在 1999 年 10 月,应键入"1999.10"。

3. 已知申请日在 1999 年,应键入"1999"。

4. 如需检索申请日为 1998 到 1999 年之间的专利,应键入"1998 to 1999"。

(五) 公开(告)号

公开(告)号由 7 位或 8 位数字组成。

公开(告)号可实行模糊检索。模糊部分位于公开号起首或中间时应使用模糊字符"?"或"%",位于公开(告)号末尾时模糊字符可省略。

检索实例:

1. 已知公开号为 1219642,应键入"CN1219642"或"1219642"。

2. 已知公开号的前几位为 12192,应键入"CN12192%"。

3. 已知公开号中包含 1964,应键入"%1964"。

(六) 公开(告)日

公开(告)日由年、月、日三部分组成,各部分之间用圆点隔开;"年"为 4 位数字,"月"和"日"为 1 或 2 位数字。

互动教学

检索实例：
1. 已知公开(告)日为1999年10月5日,应键入"1999.10.5"。
2. 已知公开(告)日在1999年10月,应键入"1999.10"。
3. 已知公开(告)日在1999年,应键入"1999"。
4. 如需检索公开日为1998到1999年之间的专利,应键入"1998 to 1999"。

（七）申请（专利权）人

申请(专利权)人可为个人或团体,键入字符数不限。

申请人可实行模糊检索,模糊部分位于字符串中间时应使用模糊字符"?"或"%",位于字符串起首或末尾时模糊字符可省略。

 互动教学

检索实例：
1. 已知申请人为吴学仁,应键入"吴学仁"。
2. 已知申请人姓吴,应键入"吴"。
3. 已知申请人名字中包含"仁",应键入"仁"。
4. 已知申请人姓吴,且名字中包含"仁",应键入"吴%仁"。
5. 已知申请人为北京某电子遥控开关厂,应键入"北京%电子遥控开关厂"。

（八）发明（设计）人

发明(设计)人可为个人或团体,键入字符数不限。

发明(设计)人可实行模糊检索,模糊部分位于字符串中间时应使用模糊字符"?"或"%",位于字符串起首或末尾时模糊字符可省略。

 互动教学

检索实例：
1. 已知发明(设计)人为李志海,应键入"李志海"。
2. 已知发明(设计)人姓李,应键入"李"。
3. 已知发明(设计)人为深圳某实业有限公司,应键入"深圳%实业有限公司";也可键入"深圳%实业%公司"或"深圳%实业"。

（九）地址

地址的键入字符数不限。

地址可实行模糊检索,模糊部分位于字符串中间时应使用模糊字符"?"或"%",位于字符串起首或末尾时模糊字符可省略。

检索实例:

1. 已知申请人地址为香港新界,应键入"香港新界"。
2. 已知申请人地址邮编为100088,应键入"100088"。
3. 已知申请人地址邮编为300457,地址为某市泰华路12号,应键入"300457%泰华路12号"(注意邮编在前)。
4. 已知申请人地址为陕西省某县城关镇某街72号,应键入"陕西省%城关镇%72号";也可键入"陕西省%72号""城关镇%72号"或"72号"。

（十）分类号

专利申请的分类号可由《国际专利分类表》查得,键入字符数不限(字母大小写通用)。

分类号可实行模糊检索,模糊部分位于分类号起首或中间时应使用模糊字符"?"或"%",位于分类号末尾时模糊字符可省略。

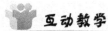

检索实例:

1. 已知分类号为G06F15/16,应键入"G06F15/16"。
2. 已知分类号起首部分为G06F,应键入"G06F"。
3. 已知分类号中包含15/16,应键入"%15/16"。
4. 已知分类号前三个字符和中间三个字符分别为G06和5/1,应键入"G06%5/1"。
5. 已知分类号中包含06和15,且06在15之前,应键入"%06%15"。

（十一）主分类号

同一专利申请中具有若干个分类号时,第一个称为主分类号。

主分类号的键入字符数不限(字母大小写通用)。

主分类号可实行模糊检索,模糊部分位于主分类号起首或中间时应使用模糊字符"?"或"%",位于主分类号末尾时模糊字符可省略。

互动教学

检索实例:
1. 已知主分类号为 G06F15/16,应键入"G06F15/16"。
2. 已知主分类号起首部分为 G06F,应键入"G06F"。
3. 已知主分类号中包含 15/16,应键入"％15/16"。
4. 已知主分类号前三个字符和中间三个字符分别为 G06 和 5/1,应键入"G06％5/1"。
5. 已知主分类号中包含 06 和 15,且 06 在 15 之前,应键入"％06％15"。

(十二)颁证日

颁证日由年、月、日三部分组成,各部分之间用圆点隔开;"年"为 4 位数字,"月"和"日"为 1 或 2 位数字。

 互动教学

检索实例:
1. 已知颁证日为 1999 年 10 月 5 日,应键入"1999.10.5"。
2. 已知颁证日在 1999 年 10 月,应键入"1999.10"。
3. 已知颁证日在 1999 年,应键入"1999"。
4. 如需检索颁证日为 1998 到 1999 年之间的专利,应键入"1998 to 1999"。

(十三)专利代理机构

专利代理机构的键入字符数不限。

专利代理机构可实行模糊检索,模糊部分位于字符串中间时应使用模糊字符"?"或"％",位于字符串起首或末尾时模糊字符可省略。

 互动教学

检索实例:
1. 已知专利代理机构为广东专利事务所,应键入"广东专利事务所",也可键入"广东"。
2. 已知专利代理机构名称中包含"贸易"和"商标",且"贸易"在"商标"之间,应键入"贸易％商标"。

（十四）专利代理人

专利代理人通常为个人。

专利代理人可实行模糊检索，模糊部分位于字符串中间时应使用模糊字符"?"或"%"，位于字符串起首或末尾时模糊字符可省略。

检索实例：

1. 已知专利代理人为张李三，应键入"张李三"。
2. 已知专利代理人姓张，应键入"张"。
3. 已知专利代理人名字中包含"三"，应键入"%三"。
4. 已知专利代理人姓张，且名字中包含"三"，应键入"张%三"。

（十五）优先权

优先权信息中包含优先权日、国别的字母和优先权号。

优先权可实行模糊检索，模糊部分位于字符串中间时应使用模糊字符"?"或"%"，位于字符串起首或末尾时模糊字符可省略。

检索实例：

1. 已知专利的优先权日为1994.12.28，应键入"1994.12.28"。
2. 已知专利的优先权属于日本，应键入"JP"（字母大小写通用）。
3. 已知专利的优先权号为327963/94，应键入"327963/94"。
4. 已知专利的优先权属于日本，且编号为327963，应键入"JP%327963"。

（十六）国际公布

国际公布信息中包括国际公布号、公布的语种和公布的日期。

检索实例

1. 已知国际公布的语种为日文，应输入"日"。
2. 已知PCT公开号为wo94/17607，应输入"wo94/17607"，或输入"wo94.17607"，或输入

"94/17607"。

3. 已知公布日期为 1999.3.25，应输入"1999.3.25"，或输入"99.3.25"。

 拓展实践

1. 请查出通用电气公司（General Electric）在中国申请的专利记录，并指出哪类产品或技术申请得最多。（提示：利用专利权人代码会检索得更全面）

2. 查找一篇《高压流动注射快速分析化学需氧量的方法》的专利，写出发明人、申请人、申请号。

3. 查找武汉工程大学在2006年申请的实用新型专利有多少篇，写出第三篇的专利名称、发明人、申请号、公告号及专利说明书的页数。

4. 检索汽车防滑刹车系统（2000—2006年）（Antilock braking systems）方面的专利。

5. DE10254628是属于大红汽车公司的专利，请说明该专利家族中共有_____条同族专利，该专利的优先日期是_____，这些专利文献分别属于_____个不同的专利权人（提示：注意和发明人的区分）。

话题五　尝试创新发明

一、目标要求

1. 熟练掌握各种创造发明技法的应用场合和应用方法，理解它们的使用过程。
2. 掌握知识产权的保护、转化等常识及相关法律、法规。
3. 掌握发明专利检索的国内外网站以及检索查新方法。

二、教学环境

场　　地	器　　材	数　　量
多媒体教室或演讲厅	投影仪 白板 展示区强光灯 扩音设备 话筒 排列成弧形的席位 评委席位 摄像设备	1台 2台 若干 1套 若干 若干 4席 1台

三、教学过程

	项目	时间安排	教学方式
1	课前准备	课余	利用所学完成创新作品从专利检索、发明创造到产权保护的一系列工作实践
2	教师主持学生展示	1.5 课时	每一个小组推荐最佳作品,上台讲解作品的检索查新、申请保护、设计制作、应用技法并演示
3	教师主持评委评分	0.5 课时	在教师指导下,学生评委和学生组员提问答疑,教师进行案例总结并点评

四、成绩评定

创新发明作品成绩占总成绩的 70%,作品展示答疑成绩占总成绩的 30%。成绩评定的等级为优秀、良好、中等、及格和不及格。不及格者需重交创新作品并对之重新评价。

创业篇

模块一 把握创业机遇

教学目标

　　了解创业意义,树立正确的创业观;掌握创业核心知识,培养创业的人格特征与心理品质;分析和把握创业的机遇。重点培养创业意识、创业能力和创业胆识,引导和树立想创业、敢创业、会创业的自我心像。

教学要求

　　认知:学习和了解创业知识和有关创业政策;分析创业意识的形成,掌握创业心理品质的具体内涵。

　　情感态度观念:培养追求创业的决心和信心,培养开辟人生道路、自主创造人生的精神,以及敢于冒险、不怕失败、坚韧不拔、持之以恒的品性。

　　运用:分析自我创业条件,正确识别和评估校内外创业市场机遇。

话题一 分析创业机遇

一、树立创业意识

 案例1

《创业之星》

　　《创业之星》是教育部组编的全国中等职业学校"文明风采"竞赛优秀作品选编之一,汇集了2005年和2006年两届全国中等职业学校"文明风采"竞赛"创业之星征文"的部分获奖作品和点评，分为创办企业、岗位成才两部分。本书特点在于文章的作者均为中职在校生，而文章中的主角——职业生涯成功者，均为中职毕业生。

作品不但写出了中职毕业生创办企业、岗位成才的业绩，写出了他们拼搏奋斗的艰辛，更突出了他们以诚信、敬业而走上成功之路的过程。

 启示

中职学生也能"行行出状元""天生我才必有用"。通过向往创业未来、珍惜现在的努力，就能实践自己对创业发展的追求。我们的在校生完全可以在学校学习期间，在老师的指导下，接受创业教育，投身创业实践，积累经验，为将来走上社会后的创业奠定基础。

 案例2

创业离我们并不遥远

小夏是某职校2000届"涉外营销管理专业"的毕业生，如今，他已拥有自己的汽车零部件公司。1997年的夏天，小夏考入某职校，也许是经历了中考的缘故，他读书十分用功，成绩优秀。

毕业后，小夏应聘进了一家汽车零部件公司当起了销售代表，这让擅长交际的小夏得到了尽情发挥的空间。但是，他也逐渐感受到了一些人为的限制。"学历在一定程度上影响了我在公司的发展，但我一直鼓励自己——要有真本事。"小夏说。为此，在很长的一段时间里，小夏下班后总会留下来钻研业务资料，对第二天要走访的客户预先做好全面了解，还把公司里有关汽车的专业书籍看了个遍，以至于同事们和他开玩笑说，晚上公司的保安可以回家睡觉了。不久后，小夏付出的努力得到了回报，由于他对专业知识的熟悉大大促进了他的销售工作，因此在公司中开始崭露头角。"每个业务员都有自己的客户群。你必须自己去分析、去思考，不能经常对着指标发愁，'怎么这么多啊，我完成得了吗'，如果你这样想的话，你离开公司的日子也就不远了。你必须最大程度地超越公司定下的指标，这才是你要达到的目标。"就是在这种思路的推动下，小夏经常能签下几十万元的大单子，他的业绩位居公司榜首，而更重要的是，小夏在行业中已构建起了自己的业务网络。

赢在"三创"

　　在努力工作的同时,小夏始终没有放松对英语的学习,还专门请了家教,每个星期六练习口语。机遇总是垂青有准备的人。小夏取得的销售业绩让老板给了他接触国外大客户的机会。早有准备的小夏用熟练的英语和外国客户谈成了不少生意。从此以后,小夏的职业之路越走越宽,工作业绩更是蒸蒸日上。

　　在汽配行业摸爬滚打近3年,从货物的进出仓库,组织买家、卖家,到业务善后,包括财务制度,小夏摸透了公司的业务流程及整个汽车零部件行业。2003年初,小夏毅然决定辞职,开始了自己的创业之路。

  启示

　　小夏创业成功的案例告诉我们,中等职业学校毕业生自主创业的天地很宽。有许多专业犹如"老板"的发源地,比如汽车修理、珠宝加工、计算机、市场营销等。因为依托这些专业知识创业,前期投入和准备则相对较小,比较适合初涉商海的学生"凭一技之长创业"。

　　此外,在生产一线岗位扎扎实实吃上几年"萝卜干饭"也很重要。如果不是像小夏那样,把这个行业的运行规律和市场摸透,贸然下海是要被水"呛"着的。想创业,"一夜暴富"的心态千万要不得。

　　自主创业是时代发展的需求,国家的高度重视则为中职生提供了大好机会。"有志者,事竟成"。只要努力,找准适合自己的创业目标,一定会成就一番事业。

  知识点

　　要想取得创业的成功,创业者必须具备自我实现、追求成功的强烈的创业意识。强烈的创业意识能帮助创业者克服创业道路上的各种艰难险阻,将创业目标作为自己的人生奋斗目标。创业的成功是思想上长期准备的结果,事业的成功总是属于有思想准备的人,也属于有创业意识的人。

二、了解创业政策

  案例

江苏省积极鼓励大中专毕业生创业

　　江苏省鼓励大中专毕业生大胆创业,开办私营企业。凡从事公用事业、商业、物资业、对外贸易业、旅游业、仓储业、居民服务业、饮食业、教育文化业的,一年内免缴企业所得税;从事咨询业、信息业、技术服务业的,两年内免缴企业所得税。

　　江苏省积极鼓励中高职院校学生创业,让一批学生在校先干起来。从2005年起,职业院校在校应届毕业生创业实践学生数大幅增加。各院校普遍制订学生创业辅导计划,进行专业梳理,明晰创业性强的专业,围绕创业整体构建学习课程,增加有关创业的上下游延伸性课程和教学内容。对有创业条件和创业潜能的学生进行多种形式的创业辅导,组织学生创业实践,并在提供创业基地、风险资金、实践岗位等方面提供现实和跟踪性服务。一些院校积极创造条件,建立学生创业一条街、创业市场或创业园区,取得了丰硕的成果。

为支持大中专毕业生创业,各地出台了许多优惠政策,大中专毕业生自主创业可享受到税费减免、贷款贴息、免费培训等政策,而且逐步细化,更贴近实际。对打算创业的学生来说,了解这些政策会感受到国家和政府的支持力度,更加坚定创业的决心,才能走好创业的第一步。比如:

(1) 毕业生在毕业后两年内自主创业,到创业实体所在地的工商部门办理营业执照,注册资金(本)在50万元以下的,允许分期到位,首期到位资金不低于注册资本的10%(出资额不低于3万元),1年内实缴注册资本追加到50%以上,余款可在3年内分期到位。

(2) 毕业生新办咨询业、信息业、技术服务业的企业或经营单位,经税务部门批准,免征企业所得税两年;新办从事交通运输、邮电通讯的企业或经营单位,经税务部门批准,第一年免征企业所得税,第二年减半征收企业所得税;新办从事公用事业、商业、物资业、对外贸易业、旅游业、物流业、仓储业、居民服务业、饮食业、教育文化事业、卫生事业的企业或经营单位,经税务部门批准,免征企业所得税1年。

(3) 国有商业银行、股份制银行、城市商业银行和有条件的城市信用社要为自主创业的毕业生提供小额贷款,并简化程序,提供开户和结算便利,贷款额度在2万元左右。贷款期限最长为两年,到期确定需延长的,可申请延期一次。贷款利息按照中国人民银行公布的贷款利率确定,担保最高限额为担保基金的5倍,期限与贷款期限相同。

(4) 政府人事行政部门所属的人才中介服务机构应免费为自主创业毕业生保管人事档案(包括代办社保、职称、档案工资等有关手续)2年;提供免费查询人才、劳动力供求信息,免费发布招聘广告等服务;适当减免参加人才集市或人才劳务交流活动收费;优惠为创办企业的员工提供一次培训、测评服务。

以上优惠政策是国家针对所有自主创业的大学生所制定的。目前,各地也纷纷为中等职业学校毕业生制定了相关的政策,或参照相关的政策执行。

三、发现创业机遇

用心"烘焙"

人生要取得成功，必须对自己有准确的认识，要找适合自己的舞台。显然，潇潇做到了。

还在念高中时，潇潇便利用暑假去打工体验生活。多年的打工经历，让他早早开始接触社会，并有了较强的独立意识。1999年下半年，他向父亲借了2万元，凭着自己的一腔激情和执着开始了自己的创业生涯。

从西藏路的小餐馆做起，到南下广东、福建等沿海地区学习西饼制作；从端盘子到学技术、学管理；由打工开始到管理门店……潇潇从未歇息、松懈，并学到了经营西饼店的方法。回上海后，经业内朋友介绍，他拜沪上颇有名气的西饼师为师，并参加了上海市劳动和社会保障局举办的创业指导培训，顺利地拿到了西点师的资格证书。

接着，他开始了勘察店面地址、设备性价比较、人员培训落实、资金安排统筹等等筹备工作。2004年6月30日，潇潇向劳动部门递交了非正规就业劳动组织经营许可申请书。

"玛斯烘焙"西饼店开张之初，每天要供应200多个品种，但产品没有特色，吸引不住顾客。根据沈泊根老师的建议，"玛斯烘焙"的糕点品种减少了一半，不仅附近的居民纷纷前来购买，而且还有人骑10多分钟的自行车慕名赶来购买。由于店内西饼品种多、品质上乘、价格适中，再加上潇潇经营有方，很快，"玛斯烘焙"就拥有了一批忠实的"粉丝"。

"玛斯烘焙"西饼包装袋上印着的广告语是"好味道每一天""时尚烘焙，美味共享"。潇潇自信地说："其实不用特意做广告，因为时间和质量就是最好的广告。"

现在店里每天固定客人就达三百多人。

启示

一谈创业，许多年轻人总会将目光瞄向那些高科技、大项目上，而对一些传统的老行当不屑一顾。其实，这是个误区。因为传统行当多与人们的生产生活息息相关，是关系国计民生的重要行业。不管科技如何发展，社会如何进步，人们都离不开服装、餐饮、建筑等传统行业的生产，传统行业本身仍有盈利空间和发展的稳定性。

对于创业者来说,选项很关键。如果你没有一技之长,又缺少从商经验,就要避开科技含量高的行业,不妨从入行门槛低、能驾轻就熟的传统行业领域中找一块适合自己生长发展的空间。

 案例2

自娱自乐自丰

毕业于上海市某职业学院的小何,从小就爱画画。初中毕业时,他自作主张填报了一所美术中专。中专毕业后,小何仍然想进一步深造。2003年,他考入了上海某职业学院电视与网络广告设计专业。这个专业在当时是个新兴专业,小何非常看好这个专业的发展前景。

大一时,学校为这一新兴专业的学生安排了影视语言课。影视语言课要求学生自己拍摄、制作短片,这引起了小何极大的兴趣。他开始尝试写剧本、拍摄短片、后期制作等一系列工作。这些工作都是需要花费大量时间与精力的,但这并没有阻挡住小何的热情。他第一次独立完成的自娱自乐MV作品——《一直很安静》,获得了老师和专业人士的好评。

眼看就要毕业了,机遇也不期而至。小何在朋友那里得到了一个消息,当时某电视台数字频道节目需要做一期上海站的短片介绍。小何觉得自己是干这行的,也有多年的积累,不如自己成立一家公司,接一些项目来做。有了这个想法后,小何立即将想法落实在行动上。他拿出了自己所有的积蓄,并得到了父母的资助,再加上朋友提供的借款,终于凑足了启动资金。

小何将自己的工作室取名为——Monkey King(猴王),主要从事视频制作、多媒体制作、Visual Identity(视觉形象会展策划一类)设计。他凭借着自己扎实的专业技术和良好的人际关系,稳定了经营状况,每个月都可以接到五六份订单。公司的运行也逐步走上了正轨,对于公司的前景,小何信心十足。

"玩转自己的爱好,试着实现自己的梦,说不定创业就从自娱自乐开始。"小何如是说。

 启示

相对于传统行业来说,新兴行业大多具有技术含量高、工作强度大的特点。对于创业者来说,这些新兴行业会带来非常高的行业利润,从而使创业者迅速聚集财富。而对有意在新领域打拼的创业者来说,都处于同一起点,竞争机会相对均等,谁努力,谁的成功几率就高。

赢在"三创"

用画框留住经典

在上海四川北路上,有一家专门经销电影海报的另类画廊。

这家电影海报画廊的主人晓华是个铁杆影迷,他曾是一家广告公司的平面设计人员。出于对电影的浓厚兴趣,他辞去了这份有固定收入而且光鲜体面的工作,将心思投入到那一张张电影海报的制作中。他一直认为,海报最能将电影中的经典保留,于是与志同道合的朋友一起组建了电影海报沙龙。但在缺乏资金的情况下,有人知难而退了,他却在坚定不移的信念下开了虹口第一家电影海报专营画廊。

晓华这儿的电影海报可不同于城隍庙里那些大小偶像的张贴画,他店里的图片都是从海外原版引进,经过压膜、配框,从而可以永久收藏的艺术品,吸引的是对电影真正用心研究并收藏的个性消费群体。他说:"如果光为了赚钱,这一行不好做,因为每个月的收入不固定,落差是很大的。"因此,他做这一行,是一种文化。到他这里购买海报的顾客,大多非常了解电影,并且有各自独特的品位。他在与顾客聊电影的过程中,了解顾客的收藏需要,并且根据顾客的需求在引进货源时多加留意,以满足顾客的不同需求。久而久之,顾客都像朋友一般,成了固定消费群体。

晓华说:"没有一条路是一帆风顺的,但勇于走自己喜欢的路并且执着坚持的人,总会实现自己的梦想。"

启示

如今,在街头巷尾,一些标新立异、追求品位、强调个性的小店越来越多,它们像磁石一样,吸引着讲究品位又不落俗套的都市中人。这些个性主题店的老板往往年纪轻轻,在自己的店里卖自己的创意,遇知音朋友,做回头客生意。

经营个性主题商店最重要的是店主的灵感,最大的招牌是店主的个人品味。从选料、进货、加工,到推荐货品、店堂布置,店主审美和性情的烙印无处不在。想要涉足这行,要有一定的资金保障,作好打持久战的准备。

互动教学

创业者选择项目的时候有这样两个问题比较集中:一是看好了一个项目,总是下不了决心;二是选择了一个项目,但做起来总是和计划的不一样。据调查显示,63%的创业者在选择项目时,没有经过仔细的调研。

现在按以下步骤,相信你会找到一个适合自己的创业项目。

1. 列出你所有的资源

拿出一张纸,先回答3个问题:

(1) 什么能使我专注?

(2) 什么是我擅长的?

(3) 什么使我与众不同?

这是阿妮塔·罗迪克(The Body Shop 公司的创始人)建议创业者在选择自己所要从事的行业时,应问自己的3个问题。

然后,在纸上写下自己的个性、专业、兴趣、业务专长及可用于创业的一切资源(人脉、资金等)。

2. 列出你所能想到的所有创业项目

另外拿一张纸,列出你所能想到的,或者找到的所有创业项目。但是那些遥不可及,或者对此一无所知的项目,怎么找? 可先分成几个大业态:零售业、餐饮业、服务业等,之后再将这几个业态分成若干个小业种。如餐饮业可分为传统业种和新兴业种,传统业种里包括点心店、面馆、火锅店等;新兴业种包括奶茶铺、比萨屋等。

3. 连线配对

把两张纸并排放到桌子上,把项目列表放在左侧,把自我认识列表放在右边。开始连线配对,看看哪个项目对自己来说是最合适的。

配对的原则:

(1) 是否可以获得家人的支持?

(2) 有没有经验? 若没有经验,必须选择低风险的业种。

(3) 在开业的特定时间点能预期得到一定的利润吗?

(4) 有发展潜力吗?

最后看哪几个项目所获得的连线最多,那么这就是比较适合你的创业项目。这种连线法比较合理,往往能让创业者在最初选择项目的时候避免"误入歧途"。

在我们接触的许多创业失败的案列中,一个普遍的现象就是创业者在选择项目时往往不注重科学的方法,而是想当然,专挑一些门槛低、容易进入的项目。这些容易进入的业种通常有这样几个共同点:

(1) 不需要专门的知识和专业技能;

(2) 不需要经验;

(3) 不需要特别的资格;

(4) 投资少。

但是,不要被容易进入的业种所迷惑。这些业种虽然入行门槛低,但是无经验者容易进入的业种,加入者也多,竞争激烈,利润难以提升。

赢在"三创"

话题二 培养创业品质

创业之路是充满艰险与曲折的。自主创业就等于是创业者自身去面对变化莫测的激烈竞争以及随时出现的需要迅速正确解决的问题和矛盾,这需要创业者具有非常强的心理调控能力,能够持续保持一种积极、沉稳的心态,即有良好的创业心理品质。

创业心理品质是对创业者的创业实践过程中的心理和行为起调节作用的个性心理特征,它与人固有的气质、性格有密切的关系,主要体现在人的独立性、敢为性、坚韧性、克制性、适应性、合作性等方面,它反映了创业者的意志和情感。

创业的成功在很大程度上取决于创业者的创业心理品质。正因为创业之路不会一帆风顺,所以,如果不具备良好的心理素质、坚韧的意志,一遇挫折就垂头丧气、一蹶不振,那么,在创业的道路上是走不远的。宋代大文豪苏轼说:"古之成大事者,不唯有超世之才,亦必有坚韧不拔之志。"只有具备处变不惊的良好心理素质和愈挫愈强的顽强意志,才能在创业的道路上自强不息、竞争进取、顽强拼搏,才能从小到大,从无到有,闯出属于自己的一番事业。

一、团结合作品质

 案例1

网吧成就创业梦想

2002年5月迈出中职学校大门的许强经过几次实践创业的经验后,最终确定了开办一个网吧的创业项目。网吧开办之初,许强和搭档筹集了资金,并将项目报到工商局,办理了营业执照。由于资金不足,许强和搭档自己找来建筑材料,内部装修、选购设备等都是自己动手,用了两个多星期把网吧建了起来。由于前期工作到位,网吧一开业就得到认可,生意兴隆,第一个月就盈利颇多,网吧的最初盈利给了他们很大鼓励。

但创业之路毕竟是艰辛的,很快网吧就出现了技术不成熟,缺乏管理,资金周转不灵等问题。但在最困难的时候,许强和其他固定员工、小时工团结一致,出谋划策,共同闯过了难关。

如今,网吧的经营已经进入了平稳期,每月都保持着稳定的营业额。在取得经验后,他开拓和增加了创业项目,发展经营了酒店、茶楼等,也取得了不错的业绩。

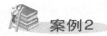

案例2

"携程"成功的关键

携程计算机技术(上海)有限公司总裁季琦告诉青年创业者,"携程网"的成功,除了抓住当初互联网快速发展的契机以外,有一个良好的创业团队是关键。

"携程网"的团队成员来自美国的 Oracle 公司、德意志银行和上海旅行社等,是技术、管理、金融运作、旅游的完美组合。大家在一起创业,分享各自的知识和经验,同时也避免了很多创业"雷区"。

启示

现代企业非常重视凝聚力的形成,要求员工拥有共同的信念,团结互助,友好相处,形成一种团队精神。在创业的路上,我们要学会合作与交往,进行有效的交流与沟通,可以提高办事效率,提高创业成功的机会。

在创业的过程中,单打独斗是不可取的,现代社会的创业越来越注重团队合作,注重创业团队成员彼此间的和睦相处,注重人与人之间的沟通与交流,注重人际关系的广泛建立。

知识点

对于一个沿口不齐的木桶来说,它盛水的多少,不在于木桶上那块最长的木板,而在于木桶上最短的那块木板。这就是"木桶效应"。

一个人各个方面的技能就如木桶一样,要全面发展,他的价值才会高。一个团队也是一样,团队的人就个体而言是独立的,但只有相互合作、团结一致,这支团队才具有强大的竞争力。

以往人们总是强调自主创业,但在当今提倡合作双赢的时代,过去那种单枪匹马的创业方式已越来越不适应时代需求了。

与此同时,人际关系在创业中的作用逐渐加大,人脉圈日益成为创业信息、资金、经验的"蓄水池",有时甚至在商业活动中能起到"四两拨千斤"的神奇功效。"朋友经济"在招商中的作用日益显现,日益成为成功创业的捷径。在处理好人际关系时,需要做到"三个懂得"。即一要懂得人类具有相似性,人的愿望和需求有许多相同或相似之处。因此,凡事都应设身处地、将心比心地为他人着想。这样,集体内部就多了几分温情而少了一丝冷漠。二要懂得人类具有多样性,个人的气质、性格、文化修养乃至思想品德、价值取向、生活方式是各不相同的。"月有圆缺,人有长短","金无足赤,人无完人",要学会用正确的眼光去认识他人,以宽阔的胸襟去容纳他人。三要懂得人类彼此之间具有相互依赖性。从工作上讲,每个人所能完成的只能是全部任务的一部分;从生活上讲,谁都有求助于他人的时候。"一个篱笆三个桩,一个好汉三个帮",每个人都应该多一些对他人的理解和慰藉,多一点对他人的热情和关爱。

二、坚持不懈品质

梅花香自苦寒来

杨平,扬州高等职业技术学校94届毕业生,他通过银行抵押房产筹来了第一笔资金100万元,开了第一家电动工具有限公司。规模不大,却让他注入了全部的心血。他每天和工人一起在车间里为了自己的事业拼搏着。但事与愿违,因为他公司的规模太小了,无法跟那些大企业生产的价廉物美的产品相比。在成本上,他就比别人贵很多,而产品的销路又不尽如人意,所以杨平投进去的钱,非但没有捞回来,反倒筑起了很多债台。多年辛苦工作换来的这一切在片刻间就烟飞云散了。杨平哭了,他几天几夜没合眼。他不甘心,不想看到自己以前的那些努力就这样白费。他不断对自己说:"别气馁,你的人生理应是精彩的。不能放弃,坚持下去!"。

第二年,政府正大力倡导青年自主创业,杨平意识到这是一个大好机会。于是经过一番精心的准备,他顺利通过了政府为进一步选拔人才而设置的各种考试,成了优秀的可创业型人才,得到了政府的帮助。那一年,他终于在事业上绘出了一片艳阳红,产值达到2300万元。杨平创业4年,累计产值2.81亿元,销售2.3亿元,创利税1800万元。

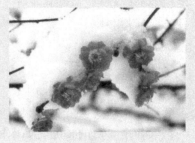

创业者需要百折不挠、坚持不懈的意志与毅力,才能根据市场的需要和变化,坚定正确和与时俱进的目标,并带领员工一起战胜逆境。

创业者必须有一颗持之以恒的进取心,如果三心二意、知难而退,或虎头蛇尾,则将一事无成。创业者的恒心、毅力和坚韧不拔的意志是十分可贵的个性品质。遇事沉着冷静,思虑周全,一旦做出行动决定,便咬住目标,坚持不懈。

创业过程是一个长期努力奋斗的过程,立竿见影、迅速见效的事是极少的。在方向目标确定后,创业者就要朝着既定的目标一步一步走下去,纵有千难万险、迂回挫折,也不轻易改变初衷、半途而废。

三、承担风险品质

  案例

承担风险,不惧失败

日本八佰伴集团创始人和田一夫开始时仅经营一家小水果铺,还被一场大火烧得赤手空拳。但是,在"不摧毁旧的,就不能建设新的"信念支持下,他最终东山再起,成为名噪一时的创业家。

美国的硅谷有着"创业大本营"的美誉。在这儿,每年都有数以万计的企业倒下,同时也有成千上万的创业者一夜暴富。美国知名创业教练约翰·奈斯汉说:"造就硅谷成功神话的秘密就是失败。失败的结果或许令人难堪,却是取之不尽的活教材,在失败过程中所累积的努力与经验,都是缔造下一次成功的宝贵基础。"

  启示

人生在世,障碍、挫折可谓无处不在,创业亦如此。即使在发达国家,创业成功三年以上的也不到30%,不到一年就倒闭的小企业则占了一大半。想要成功,创业者必须学会从失败中爬起来。

  知识点

成功需要经验积累,创业的过程就是在不断的失败中跌打滚爬。只有在失败中不断积累经验财富,不断前行,才有可能到达成功彼岸。美国3M公司有一句关于创业的至理名言:"为了发现王子,你必须与无数只青蛙接吻。"对于创业者来说,必须有勇气直面困境,敢于与困难"接吻"。

人的意志可以发挥无限力量,可以把梦想变为现实。对创业者来说,信心就是创业的动力。要对自己有信心,对未来有信心,要坚信成败并非命中注定而是全靠自己努力,更要坚信自己能战胜一切困难。

  拓展实践

团队合作精神养成的游戏——报数
一、概况
所需时间:30~60分钟,由团队人数的多少决定,然后由教师控制时间做此练习。

小组人数:越多越好

所需物品:秒表

游戏概述:一个关于促进团队效率的游戏

二、目的

1. 使团队通过竞争提高他们的效率。

2. 使队员看到团队的责任心。

三、步骤

1. 在两分钟之内将所有参加的人平均分成两组。

2. 挑选男女队长各一名,组织团队进行比赛(队长不参加比赛)。

3. 教师要求队长宣誓,问三个问题:"有没有信心战胜对手?""如果失败,敢不敢于面对队员的指责?""如果失败,愿不愿意承担由此所带来的一切责任?"

4. 教师宣布比赛规则

(1) 全队学员进行报数,速度越快越好。

(2) 分别进行8轮比赛,每轮比赛间隔休息3分钟、2分钟(2次)、1分半钟(2次)、1分钟(2次)。

(3) 每轮比赛进行奖惩。输者,由队长率领队员向对方表示诚服,并对对方队员说:"愿赌服输,恭喜你们!"并由男女队长做俯卧撑10次,如果以后再输,俯卧撑的次数将会成倍递增。赢者,哈哈大笑,以示胜利。

(4) 将每轮比赛的结果记录在白板上。

5. 游戏结束后,播放抒情音乐,诵读一篇散文(记述文)。

6. 诵读结束,教师引导大家讨论独立合作的品质、坚持不懈的品质和承担风险的品质。

模块二　学会创业技巧

教学目标

通过引入企业管理和市场营销的普及性知识,了解创业的基本技巧,为创业提供必要的技术与方法。

教学要求

认知:以企业管理、市场营销以及它们之间的关系为切入点,深入了解创业的基本管理手段与技巧。

情感态度观念:形成科学规范并且具有实际操作意义的创业管理理念,合理运用创业契机,提升管理水平,实现创业理想。

运用:掌握科学的创业方法和技巧,实现人、财、物的科学、有效管理。

话题一　企业管理技巧

一、掌握管理知识

(一)取得合法资格

案例

不具备合法经营资格的责任

《劳动合同法》中有这样的条款:

第93条　对不具备合法经营资格的用人单位的违法犯罪行为,依法追究法律责任;劳动者已经付出劳动的,该单位或者其出资人应当依照本法有关规定向劳动者支付劳动报酬、经济补偿、赔偿金;给劳动者造成损害的,应当承担赔偿责任。

第94条　个人承包经营招用劳动者违反本法规定给劳动者造成损害的,发包的组织与个人承包经营者承担连带赔偿责任。

启示

上述案例是关于无照经营与个人承包经营中劳动者权益受到损害的法律规定。先前的法律规定了对于无照经营的行为属于劳动保障监察的范围,并及时通报工商行政管理部门予以查处取缔,但是,对于处理后劳动者权益如何保障没有明确的规定。《劳动合同法》对这一规定给出了答案,即无照经营的单位被处理后,由被处理的单位或者其出资人向劳动者支付劳动报酬、经济补偿金;给劳动者造成损害的,还需要依法承担赔偿责任。对于个人承包经营违法损害劳动者利益的,发包的个人或组织需要与承包人承担连带赔偿责任。

当然,取得合法经营资格,并不只基于以上的原因。我们要创业,建立企业,就必须遵守国家的法律、法规,取得合法的经营资格,守法经营。

知识点

1. 开业登记的一般程序

（1）工商注册登记。

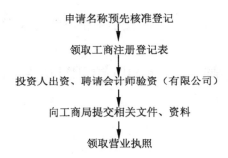

（2）企业代码登记

到技术监督局进行企业代码登记。

（3）开业税务登记

自领取营业执照之日起30日内,持有关证件向生产、经营地或纳税义务发生地的主管税务机关申报办理税务登记。

（4）社会保险登记

到社会保障部门进行社会保险登记。

2. 开业登记应提交的材料

（1）个体工商户登记

个体工商户名称预先核准登记应提交的材料:个体工商户名称预先核准申请表,投资人身份证明。

个体工商户开业登记应提交的材料:个体工商户申请开业登记表,开业申请书(由投资人签名),投资人身份证明,经营场所证明(租赁协议、产权证明),涉及前置审批的行业许可证或批准文件,名称预先核准通知书,其他有关文件、证件。

（2）个人独资企业登记

个人独资企业名称预先核准登记应提交的材料：企业（公司）名称预先核准申请书，投资人的身份证明，投资人身份证复印件，申请企业登记授权委托书。

个人独资企业开业登记应提交的材料：企业名称预先核准通知书，投资人签署的个人独资企业设立申请书，投资人身份证明，申请企业登记授权委托书，企业住所证明（租赁协议、产权证明），涉及前置审批的行业许可证或批准文件，其他有关文件、证件。

（3）合伙企业登记

合伙企业名称预先核准登记应提交的材料：企业（公司）名称预先核准申请书，投资人的身份证明，自然人提供身份证复印件，申请企业登记授权委托书。

合伙企业开业登记应提交的材料：申请企业登记授权委托书，全体合伙人的身份证明，全体合伙人委托执行合伙企业事务的合伙人的委托书，合伙协议，出资权属证明，经营场所证明（租赁协议、产权证明），涉及前置审批的许可证或批准文件，其他有关文件、证明。

（4）有限责任公司登记

有限责任公司名称预先核准登记应提交的材料：有限责任公司全体股东签署的《公司名称预先核准申请书》，股东或发起人的法人资格证明或自然人身份证明，公司登记机关要求提交的其他文件。

有限责任公司开业登记应提交的材料：公司董事长签署的《公司设立登记申请书》；全体股东指定代表或共同委托代理人的证明；法律、行政法规规定设立有限责任公司必须报经审批的，还应提交有关的审批文件；公司章程；具有法定资格的验资机构出具的验资证明；股东的法人资格证明或者自然人的身份证明；载明公司董事、监事、经理的姓名、住所、履历的文件，公司董事、监事、经理委派、选举或者聘用的证明；公司法定代表人的任职文件或身份证明；企业名称预先核准通知书；公司住所使用证明；经营范围中有法律、行政法规规定必须经审批的项目，应提交有关的批准文件；其他有关文件、证件。

 互动教学

大家比较一下，不同类型企业在开业登记时的区别有哪些。

（二）员工管理技巧

 案例

把椅子靠背锯掉

麦当劳快餐店创始人雷·克罗克是美国社会最有影响的十大企业家之一。他不喜欢整天坐在办公室里，他的大部分工作时间都用在"走动管理"上，即喜欢到公司各部门走走、看看、听听、问问。

麦当劳公司曾有一段时间面临严重亏损的危机。克罗克发现其中一个重要原因是公司各职能部门的经理有严重的官僚主义,他们习惯靠在舒适的椅背上指手画脚,把许多宝贵的时间耗费在抽烟和闲聊上。于是,克罗克想出一个"奇招",将所有经理的椅子靠背锯掉,并立即要求照办。

开始很多人骂克罗克是个疯子,不久大家明白了他的一番苦心。他们纷纷走出办公室,深入基层,开展"走动管理",及时了解情况,现场解决问题,终于使公司扭亏为盈。

启示

企业管理有很多重要因素,其中对员工的管理是最关键的。麦当劳公司的雷·克罗克对部门经理的人员管理即是很好的证明。管理就是效益。

知识点

员工管理的经验和技巧有很多,这里我们举例若干:

1. 听取员工意见

优秀的领导者会不断向直属部下寻求有创意的意见。这一做法不但对发展公司业务有利,而且还能很好地调动双方进行沟通的积极性。

优秀的领导者善于问问题。他会问:"如何让顾客在我们这儿的购物经历,跟他们在我们的竞争对手那儿购物的感受有根本性的不同?如何能让我们的员工和顾客像朋友一样相处,从而吸引顾客在我们这里购买更多的商品?对记住顾客名字的员工我们应该如何进行奖励?有哪些方法可以鼓舞团队士气,激励他们去争取更好的销售业绩?我们的员工会一起讨论如何打造长期客户吗?在这方面你的看法是什么?"

调动员工积极性技巧的高低跟你问问题的质量直接相关。优秀的领导者关注那些可以改变结果的问题。

2. 不给员工施压

大部分领导者都试图通过夸大不利情形来刺激员工。首先,他们会描述无法完成预定目标的惨境,有意让员工感到难过。然后,把这种难过情绪作为负面动力来调动整个团队的积极性。

但这样做是没有用的。因为团队目标可能无法完成而感到有压力不等于在乎这些目标。在有些情况下,施加压力并不是一种有效的激励措施。没有人在面对压力或是感到紧张时可以表现得很好,领导者也是这样。人在倍感压力和紧张的时候,只能集中一小部分精力。如果你最钟爱的球队在踢球,你是希望看到紧张的队员在比赛的最后时刻通过罚球或远射得分呢,还是希望看到队员自信、冷静地应对挑战,步步为营呢?

3. 管理约定而不是管人

聪明的领导者富有同情心，他们总是试着去理解员工的感受。但他们不会试图去约束这些情感，而是通过和员工达成的约定对员工进行管理。

领导者会就某些事宜和团队成员进行约定，并让员工在独立思考后决定是否同意遵守这些约定。在此期间，领导者和员工的所有对话，都是本着尊重员工的原则进行的。一旦领导者和员工达成了约定，领导者就不再需要对员工进行管理了，他们要管理的是这些约定。这种管理方式更加成熟，也体现了对员工的尊重。双方交流时也都会更放得开，更信任彼此。双方的责任感也会有所增强。如果要讨论尴尬话题，也更容易些。领导者通过约定对员工进行管理的过程，从本质上来讲，是领导者和员工两个职场成年人进行合作的过程。

4. 应用认可—重申—跟踪模式

当领导者要和员工谈论他的某些行为和表现时，可以用认可员工—重申对他的承诺—跟踪约定履行情况的管理方法。

首先要欣赏和认可员工这个人，以及他为企业作出的贡献，注意到他的强项和特殊才华，然后举一个他近期表现中让你印象深刻、受益匪浅的具体事例。

接下来，领导者对该员工重申对他的承诺。诸如："我相信你。你身上具备的一些特质吸引我雇用了你。我会尽全力帮助你在这个工作岗位取得成功。我会努力成就你的事业，让你在这里感到快乐和充实。"然后告诉员工具体可以为他们做什么。列举领导者的工作职责，你如何为他们争取公平待遇，领导者怎样做到在他们需要的时候随时出现，领导者是怎样做到总能为员工提供他们成功所需的工具的，等等。

最后，跟踪领导者和员工达成的约定。跟踪领导者与员工针对问题事宜达成的现有约定。如果没有现成的约定，领导者应该本着双方互相尊重的原则当即拟定一个。约定是双方共同制定的。它们不同于授权和规定。当双方不再遵守相互的约定时，应该本着互相支持的态度打开天窗说亮话，要么恢复该约定，要么重新拟一个新约定。人们常打破其他人定的规矩，但倾向于遵守自己认可了的约定。

5. 让员工放开手脚

企业领导者是为员工服务的，要扶持员工走好每一步，尤其要发掘他们最好的一面，而不是把容忍他们自缚手脚作为成就。

领导技巧之一就是告诉员工他们可以比想象中成就得更多。事实上，在将来的某一天，员工也可能成为领导者。他们对领导者的敬慕之情之所以能够不断增加，一个重要原因是领导者总能看到他们的潜力。所以，要不断发现他们最好的一面，然后告诉他们。

6. 进行正面强化

领导者通常很忙，他们忙着挑错，然后对犯错误的员工进行批评。这是大部分领导者的领导方式。这是一个习惯思维造成的陷阱。和所有其他习惯思维一样，采取些简单的措施便可以走出这个怪圈。比如，在领导者准备给某个团队成员发邮件或打电话训斥他时，先停下来想想他有哪些工作表现值得和他交流时对之提出表扬。领导者应该时刻牢记，正面强化是引导和塑造员工良好表现的有力工具。

7. 鼓励员工与顾客做朋友

顾客永远是企业唯一的老板，员工与顾客的良好关系最终可能会成为贵公司的核心竞争力。作为领导者，如果不能鼓励员工与顾客建立良好的关系，顾客就可能流失掉。如果做不到煽动并且激励员工找到与顾客建立良好关系的途径，顾客甚至会成为你生活中的"麻烦"或"不可避免的灾难"。公司经营的最终目的在于很好地满足顾客需求，让顾客养成习惯，不断光顾你的公司。但只有在员工有意识地与顾客建立起了良好关系的情况下，这一目的才能实现。

8. 发挥信心的力量

作为领导者，一天当中你有多少次问过自己"在那次谈话中我看起来有多大把握"？在与员工谈话前有多少次你是问过自己"我怎样才能向员工保证，让他在离开我办公室时确信一切都会顺利进行，并且相信他有能力做好这项工作"？如果能把这种信心与公司的人事制度和管理方法相结合，你的团队就会变得不一样，员工的思想状态也会变得更好。

员工确实需要从领导身上寻找信心。但是很多时候他们找不到这种信心，他们看到的是相反的东西。他们会感到整个团队被别人拿枪追着跑。经理人的举止言行总是传递出这样的信息："我们要快点跑，快点跑……我迟到了，不好意思，跟你见面我迟到了。"这些信息的问题在于它传递的不是一种信心。当你行为混乱并且传递出危急的思想状态时，公司的生产效率会因此而受到破坏。

9. 通过电邮点燃员工热情

发给团队成员的每封邮件对你而言都是一次机会，是给团队充电、灌输乐观主义精神的机会，这种乐观精神可以帮助点燃进行下个项目所需的员工热情。

邮件发出以前，好好看一下该邮件是否具有鼓动性，里面有没有提及对收件人的认同和赞赏，这封邮件能否鼓舞士气，它能否让看到它的人感到开心。

如果不能达到以上要求，再多花一分钟重新修改一下它吧。把负面的语气换成正面的。让这封邮件多点闪光点。问问你自己：如果是我的话，我愿意收到这样一封邮件吗？收到这样的邮件我会感到荣幸，心存感激吗？

10. 不要再为变革而道歉

为团队必须适应的某些或所有改变向员工道歉的领导者，实际上是在播撒打击士气、增加团队挫败感的种子。他们是在暗示该变革对团队健康不利。这种做法源自表现同情以博取认同的潜意识，结果却让整个团队成了受害者，极大地延长了团队适应变化的时间。

真正的领导者不会为变革而道歉，相反，他提倡变革。他会不断告诉员工身处一个不断变革的企业中的好处。真正的领导者支持企业不断进行变革，不断提高生产效率和创新水平。

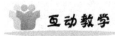

"十大技巧"对于你今后创业后的员工管理有何启发？如何看待"员工"这个公司最重要的

人力资源?

（三）懂得财务知识

案例

当老板要懂财务

职校生小夏毕业后和一个朋友合伙开店。小夏和他的朋友平时习惯了大手大脚花钱，结果前期准备中的开支比预期的投资多30%。店铺经过半个月的准备终于开张了，但生意并没有想象中的火爆。

由于固定开支太大，加上前期不懂得有效控制成本，开业半年多，店铺一直处于亏本经营状态，最后不得不关门。

启示

创办企业后要解决的第一个问题就是生存问题，而不是发展问题。财务是解决企业生存问题的决定性因素。企业经营管理不善，不全是因为财务管理有问题，但财务乱，企业则必然乱。所以，做老板一定要懂得财务。

知识点

1. 了解企业财务工作

企业财务工作包括两部分：一是会计核算；二是财务管理。

会计侧重于核算，财务侧重于管理，二者都以资金运动为工作对象。会计核算主要从资金运动的事后着手，财务管理则从资金运动的事前着眼。

（1）会计工作

会计以核算为基础，为企业提供完整、详实的会计报表并对各种数据作简单、表面的文字说明，为企业管理提供综合财务信息，是一种间接参与企业管理的行为。

（2）财务管理

财务管理包括筹资活动的管理、投资活动的管理、运营资金的管理和利润分配的管理。财务管理要解决的问题是如何筹集资金，筹集到资金后如何进行投资，项目投资完成后如何管理经营过程中的运营资本，盈利如何分配。追求利润最大化、运用资本成本最小化是财务管理的总目标。财务管理的工作核心就是要控制好货币流，努力提高资本运营效率。

2. 熟悉企业会计报表

企业老板要熟悉一些常用的会计报表，因为会计报表能提供企业是否安全运行的基本信息，据此可判断存在的问题，并预测未来的经营前景。企业三大会计报表是资产负债表、利润表和现金流量表。

（1）资产负债表

资产负债表是反映企业某一特定时间的资产、负债、所有者权益等财务状况的会计报表。它是根据资产＝负债＋所有者权益情况编制的。

（2）利润表

利润表是反映企业一定时期（月份、季度、年度）生产经营成果的会计报表。它是根据利润＝收入－费用编制的。

（3）现金流量表

现金流量表是反映企业在一定时期内（如年度）现金流入和现金流出的会计报表。它是根据现金净流量＝现金流入量－现金流出量编制的。现金流量表反映了企业的偿债能力。一般情况下，要关注现金流量净额，即现金流入减去现金流出的差额部分。如果是负数，需格外关注，并找出相应原因。

3. 做好成本预算

各项开支要遵循成本—效益原则，投入多少成本，收回多少利润，都要有严格的预算。预算一经订立，各项支出都以它为蓝本，使企业的经济始终处于有机会、可控制的正常运行状态。

4. 做到精打细算

在经营过程中节约资金，加强质量管理，降低融资成本；在生产环节中尽量节省开支，增加收款，减少坏账，合理安排人力资源，都是行之有效的省钱良方。

5. 加强存货管理

存货过多、资金被占用会影响到企业其他业务的开展；存货过少、出现供不应求也会给企业的生产经营带来负面影响。因此，存货管理的目标就是确定合理的存货水平，减少存货环节的资金占用。

6. 加快资金流动

企业经营的最高目标是获得利润，利润的获得全靠经营活动来支撑。为了维持企业的经营活动，必须有足够的资金。有了资金必须不断流动才能产生效益。资金停滞不仅不能产生效益，甚至会给企业带来损失，严重的可导致企业倒闭。所以，加强资金流动是企业经营者的一项重要工作。

 互动教学

利用课余时间调查当地的某一中小企业，向同班同学介绍该企业财务管理的途径与方法。

二、提升管理水平

（一）建立信任

建立信任是一个逐步的过程。关键点是关注成员，站在他们的立场来思考问题。

1. 信任的好处

可以得到真正的意见和建议,有更多人参与,团队更具使命感,合作更多,可以积极地运用冲突的力量,有更好的机会来发现隐藏的问题,可以互相信赖,更加开诚布公、工作更好。

2. 建立信任的要点

作为一个领导者,必须在建立信任的进程中采取主动。其中最重要的就是需要设身处地的替下属着想。团队间建立信任,可以从以下几个方面着手:

(1) 开诚布公

让团队成员完全了解所有和他们工作有关的事情,倾听团队成员的意见,让团队成员真诚地说出自己想说的话,这样团队领导就可以从成员的角度来理解问题。

(2) 客观并一视同仁

对团队成员要一视同仁,不要有偏爱,要公正。不然,就容易使其他团队成员产生抵触心理。

(3) 信守诺言

希望团队成员信守诺言,自己首先必须作出榜样,不要承诺自己做不到或不想做的事情。

(4) 承认错误或过失

当团队成员都勇于承认自己的错误或过失的时候,就会很容易地了解到团队存在的一些弱点,并尽快想办法予以解决。

(5) 给予反馈和赞扬

如果在团队成员取得成绩的时候表扬他们,团队信任感就会加强,可以私下里表扬,也可以在团队里或公共场合表扬。一开始就能得到一些积极的反馈,将可以激励团队成员更好地完成剩余的任务。反馈必须诚实和具有建设性。

(6) 表现出你在为他人服务

团队成员一般不会想到领导是在为大家服务,所以必须让他们清楚,领导就是在为这个团队、这个部门服务,或者在为整个组织服务。

案例

"老总挨批"

两年前一位记者朋友去一家乡镇企业采访,那位在当地小有名气的企业家、该企业董事长正坐在办公室生闷气。原来,上午在董事会上他再次提出上果汁生产项目,又被否决了。

聊起企业的管理问题,他连连抱怨:现在的企业越来越难管了。他说:"企业刚创立的时候,虽然规模小,员工文化素质也不高,但干什么都比较顺心,我指东,没有人往西。现在倒好,规模上去了,效益也翻了几番,又招进了大批高学历的人才,按说,工作应该更得心应手了,可实际上呢,我的话现在不灵了,常常有人唱反调。就说生产果汁这件事吧,你知道,一瓶汇源或是茹梦,饭店卖十几、二十元。咱这个地方有的是果子,要是上了果汁生产线,

赢在"三创"

你想想那利润！可几个副老总愣是不同意,说果汁眼下走俏,但从长远来看……

两年后,这位董事长在北京参加全国劳模表彰会时又与记者朋友见面了。闲聊时,记者朋友问他那个果汁加工项目后来是否上了。他长嘘一口气,说:"幸亏当初没上,如果上了的话,现在可就背包袱了。邻县上了一家,老本都搭了进去。"

他感慨地说,看来企业里有人说"不",并不见得是坏事。

启示

一个成功的企业背后,都有一个能人。创业伊始,这些能人凭个人的胆识和敏锐的市场洞察力,为企业赢得了市场份额。但随着改革的深入,经济体制日趋完善、经营环境发生了重大变化。新知识、新技术大量应用,竞争日趋激烈,经营风险也进一步加大。现实逼迫企业向高层次转换,而高层次的企业需要高层次的人才相匹配。企业若想要继续驰骋"商场",企业家首先要战胜自我、超越自我,从知识结构到经营理念进行全面更新。战胜自我很重要的一个方面就是摒弃以自我为中心,察纳良言,博采众长。

曾经有一知名企业的老总说过一句话:"20年前,我是最强的,带着大家往前冲。20年后,我站在后边运筹帷幄,看着大家往前冲。"

作为老总,员工在你面前唯唯诺诺,并不一定就是好事。当有人向你说"不"时,应该庆贺才对。

因此,与时俱进,提升管理水平是企业永远的话题。

互动教学

用几分钟的时间来想想团队之间的信任度。根据下表的几对陈述,在数字上打上记号来表示团队的状况。

信任度调查表

充分信任	评价分数	缺乏信任
可以自由地表达不同意见	1 2 3 4 5	认为必须同意专家或者领导的意见
可以毫无顾忌地实话实说	1 2 3 4 5	担心意见不会被采纳,所以保留自己的意见
表现出对彼此观点和意见的重视	1 2 3 4 5	时常驳斥别人的观点或意见
互相尊重	1 2 3 4 5	互相诋毁
有着坦诚的气氛	1 2 3 4 5	互相之间有秘密,背着别人说话
有很多合作和支持	1 2 3 4 5	宁愿自己做自己的事
能得到所需要的信任	1 2 3 4 5	抱怨得不到所需的信息
很放心地承担风险	1 2 3 4 5	害怕承担风险

做的记号分数越大,说明团队中信任的程度越差,就越需要通过在团队中建立信任来改进团队工作。

(二)合理授权

1. 授权的好处

授权是团队建设活动中一个非常关键的行为,也是一个优秀管理者必须具备的能力。成功的授权能够使员工积极高效地完成自己的工作。授权对领导和团队中的成员以及团队的整体表现都会有益处。

(1)对领导的益处包括:确保完成重要的工作,增强团队的信心;从长远来说,节省更多的时间。

(2)对团队成员的益处包括:增强参与性,提高责任感,培养新的技能以及完成更多不同工作的能力。

(3)对提高团队整体表现的益处包括:能够将技能和经验更好地结合起来,带来更大的灵活性;最重要的是能更好地达到业绩目标。

2. 授权的步骤

授权过程是一个很复杂的过程,不仅仅是分派任务并希望他们完成,还需要向他们下达正确的指令,从各方面支持他们。以下是"四步授权法"。

第一步,打好基础。

即制订计划并打好基础。首先必须阐明这项工作所涉及的问题,尤其是:

(1)预计达到的目标。

(2)何时需要完成任务。

(3)选择适合此项工作的人选。

第二步,下达指令。

这是至关重要的一步,就是有效地向成员下达指令。下达指令必须能够确保达到以下成果:调动起成员对任务的兴趣,对成果达成一致意见,制定执行任务的框架。同时,必须考虑好授予多少权力,承担多少责任。例如,可以设定目标以及时间进度表,但允许其他人员自由选择方法以及决定所要参与的人员。

第三步,检查进展情况。

授权过程中经常会因为领导没有有效的检查而出现偏差。所以需要建立一个机制以确保任务按计划如期进行,而不要无端地干涉其他人的工作。可以有两种方法:

(1)非正式的检查

可以很自然地对大量工作的进展情况进行检查,如经常和团队成员谈论工作中的问题,或让他们在不知道该怎么办的时候提出问题。

(2)正式的检查

正式的检查即对计划的进展进行全盘审视,并讨论与任务有关的各方面的问题。还可以进行更多的正式检查。这是给予奖励和反馈以及提出建议的绝好时机。

第四步,总结与反思。

在任务完成之后,要花时间思考任务完成的效果。首先要着重于任务,并问自己:

(1)哪些方面完成得很好?为什么会这样?

(2)哪些方面完成得不够好?为什么会这样?

紧接着思考自己在此项任务中所扮演的角色,思考自己是如何向其他参与人员下达指令的,给他们的职责是否合理,下一次将换一种什么样的做法等问题。同时还需要思考是否成功地授予了管理权和职责,团队中的成员是否扩展了他们所需要的技能。

 互动教学

选择一项你能够授权的任务,思考你将如何授权?(运用"四步授权法")

(三)团队培训与学习

高绩效的团队成员不仅具备一定的技能,更需要具有很强的分析问题、解决问题、人际交往、信息沟通、解决冲突的能力等,因此相应的培训和学习必不可少。

一个团队发展到成熟期后可能会陷入停滞和骄傲自满状态,对新观点和革新思想持保守和封闭的态度。因此,学习也就成为使团队继续发展的有效途径。

(四)团队激励

 案例1

GE 公司的团队培训

2001年,GE继续成为世界上最受赞许的公司、全美最受推崇的公司、全球最受尊敬的公司。下面是GE公司年报中包括的一些内容。

1. 关于人才

GE 年报:GE 人在2001年作出了令人瞩目的成绩。他们倾听客户意见、亲身体验并学习了客户营运方式。他们将所学的东西融会贯通,揣摩、设计、制造和交送了一流的产品。他们获得了近1200项专利产品,其创造的技术保证了公司的前途无限。他们利用业余时间为所在社区提供了一百多万小时的志愿服务。他们在GE努力工作以实现自己的梦想。他们为你们工作。

杰克·韦尔奇:你们的工作就是每天把全世界各地最优秀的人才延揽过来。你们是一个不断获胜的队伍中的一员,最佳团队中的一员,全世界最受

推崇的团队的一员。你们必须热爱你的员工,拥抱你的员工,激励你最好的员工。如果失去最好的20%的员工,是领导的失职。如果留下最差的10%的员工,则是领导者的极大错误。

2. 关于"全球化的学习公司"

GE年报:GE变成了一家学习的公司。今天,我们真正的"核心实力"不是生产制造或服务,而是在全球招募并培养世界上最好的人才,使他们心中有一种永不满足的渴望去学习,去提高,一天比一天做得更好。过去20年来最大的转变就是成为一家学习的公司。我们向其他公司学习。从内部学,从外部学,从上到下、从下到上学习。世界上的精华才智在我们手中,这是因为我们无时不在追寻。

1. 团队学习无论是对个人还是对企业都有重大的意义。
2. 员工的发展需要学习培训,只有员工发展了,才能提升团队战斗力。

物质激励

1. 柯达公司的物质激励法

柯达公司早于1912年就建立了当今早已风行的"红利"制度。员工们除了每月领到比在其他公司优厚的薪金外,每年还可以根据自己为公司所作贡献的大小参与分红。后来,当其他公司都竞相效仿时,柯达又创立了"入股制",即鼓励员工入股,将公司股权让员工分享。

2. 松下公司的物质激励法

每个季度,松下公司都会召集部门经理参加讨论会,以便了解彼此的经营成果。开会前,高层会将所有部门按完成任务的情况从高到低分别划分为A、B、C、D四级。会上,由A级部门首先做报告,其次是B、C级,D级安排在最后。这种做法充分利用人们争强好胜的心理,谁也不愿意排在最后。此外,松下公司对各部门所完成的利润采取40%留予自行支配的做法,利润留存主要用于本部门员工的福利、设备更新或扩充等。因此,各部门完成的利润越多,留存的利润也就越多。这种付出与所得紧密联系的内部管理方法促使各部门为了各自的利益而拼命工作。

松下公司在发展过程中曾经发出过号召:如果5年之内生产率增倍,那么员工工资也将实现增倍,保证35岁以上的员工有自己的住房。(其中住房是通过向员工提供分15年还清的低息贷款来实现的。)这样的许诺极大地激发了全体员工的生产积极性,大家情绪高涨,努力工作,使得在规定的时间内这些目标全部得以实现。

案例3

精神激励

1. 海尔集团的精神激励法

海尔集团从1992年开始,在每月最后一日的晚上,都要为当月过生日的员工举办一次卡拉OK晚会,并规定每位过生日的员工届时可带四位亲属一同来参加,公司领导会抽时到场,为过生日的员工一一祝福。

2. 广东科学技术职业学院的精神激励法

广东科学技术职业学院工会每个季度举办一次生日晚会,为在这个季度内过生日的教职员工及其家属一一送上祝福并奉献一场精美的文娱节目,使每一位教职工有一种归属感,让来自四面八方的教职工享受到了大家庭的温暖与和谐,从而增强了学校的凝聚力、向心力,激发了每个人的积极性和主动性,为学校进一步发展作出了应有的贡献。

3. 没有精神激励的缺憾

用提高物质待遇的方法来弥补精神待遇的不满是得不偿失的,久而久之,公司的薪酬管理还有可能陷入恶性循环。物质待遇甚至可能成为员工讨价还价的本钱,试问你还有多少钱和职位可以派发?

每年不少企业都有优秀人才选择离开。优秀人才为什么要离开?除对薪资待遇不满意和对所承担的工作缺乏兴趣外,对公司的目标缺乏认同、对管理方式不满、缺乏个人成就感也是相当重要的因素。

李小姐数月前被派往外地任分公司销售经理,薪水也增加了。可是,最近她对工作不但没有热情,甚至还打算辞职。原来,她的上司对她大老远来这里工作颇不放心,认为她年轻、人生地不熟,担心她做不好工作,总是给她安排一些很简单的工作,并且在李小姐工作时也经常干预。李小姐的工作能力和自尊心均较强,习惯独立思考问题、解决问题,取得了不俗的业绩,也正因为如此,她得以在原部门脱颖而出。然而,来到了这个新岗位,上司却当她是新人。面对上司的不信任和频繁干预,她非常不习惯,并逐渐导致不满,工作也提不起劲来。

启示

1. 人是需要激励的,团队的活力、生气来自有效的激励。
2. 有效的激励要从员工的需求和愿望入手。
3. 激励的方法和手段要不断创新。

知识点

1. 激励的重要

什么是激励？激励是指在管理过程中将有意识的外部刺激转化为被管理者的自觉行动，从而最大限度调动被管理者的积极性，实现管理目标的过程。

激励在团队中的作用非常大，员工在受到充分激励时，可发挥其能力的 80%～90%；而在仅保住饭碗不被开除的低水平激励状态时，员工只发挥其能力的 20%～30%。激励的水平越高，员工的积极性越高，工作效率也越高。因而团队管理与建设的任务之一就是通过有效的激励，使其行为与组织目标相一致。

2. 激励的技巧

团队领导对激励水平有很大的影响，最主要的就是创造条件满足团队成员高水平的需求。这些需求包括：

（1）社会需求。同其他团队成员协作，发展友谊，参加社交活动。

（2）自尊。受到表扬，得到提拔，工作优秀得到赞誉，感到受到尊重，明白他们的贡献值得而且很重要。

（3）自我实现。完成各种能够给个人满足感的事情，如成功的完成方案。

为了确保激励水平得到最大程度的提高，可以从以下几个方面着手：

① 从自我做起（树立榜样）

团队领导如果对工作显示出热情，就可以为团队树立很好的榜样，这种热情也很容易被转移到团队中去。如果没有激励，让团队成员充满热情是不切合实际的。

② 提高期望值

团队领导要对团队成员增强信心，真诚期望，就会实现或超出预期目标。

③ 创造和谐团队氛围

团队领导的主要工作方法和内容就是让团队成员感受到被尊重，这样会大大加强团队激励作用。在工作中，能让团队成员感受到被尊重的信息有：我们尊重你，我们信任你，我们重视你的意见，我们想听听你的看法，我们感谢你做的工作……

④ 通过管理绩效进行激励

每一个成员都需要有与绩效相联系的目标。要鼓励检查团队成员的个人绩效，确保他们知道自己的贡献对于整个企业的成功非常重要；确保他们能够看到他们的目标与总的企业的目标相一致；最重要的是认可所获得的成功。

⑤ 鼓励发展

帮助团队成员实现他们的潜能。实现潜能将极大地满足自尊和自我实现这些人类最基本的需要。团队领导可以为团队成员提供更多、更好的发展空间和平台，如提供参观学习、进修机会，鼓励在职学习，授权独立承担项目等。

互动教学

一、公司氛围

公司氛围会决定人们之间的沟通与合作状况。舒适健康的氛围有助于公司成员的正常发挥,而压抑、独裁的工作环境则不利于人们发挥创造性和能动性。

1. 参与人数:5~7人一组
2. 时间:30~40分钟
3. 场地:室内
4. 道具:纸、笔
5. 应用:
(1) 创造性解决问题
(2) 团队合作精神的培养
(3) 对于团队合作环境的思索
6. 规则和程序:
(1) 将学员分成5~7人一组。给每个小组一些纸和笔,建议每个小组的人围成一圈坐在桌子旁。
(2) 让他们分别列举出十个最不受人欢迎和最受人欢迎的氛围,如:放任、愤世嫉俗、独裁、平等、轻松等。
(3) 将每个小组的答案公布于众,然后让他们解释他们选择这些答案的原因。
(4) 最后大家讨论一下,什么样的公司氛围才最适合公司的发展。
7. 相关讨论:
(1) 理想的公司氛围反映了你什么样的价值呢?
(2) 你与你的团队的意见是否相同?如果有相左的地方,你们是如何解决的?彼此应该怎样进行交流?
8. 总结:
(1) 每个人理想的公司氛围一定反映了他的价值观和人生观,很难想象一个富有激情和活力的人会希望在一个机构冗杂、等级森严的公司中工作。同样大家对于一个公司的共同设想就反映了这个公司的理念与价值。
(2) 在小组讨论的过程中,不同的人要扮演不同的角色,有些人更多地看中公司的文化气息,有些人更多地看中公司的竞争精神,最后将大家的意见综合起来,就有可能形成一个有关公司氛围的全面建议。
(3) 作为一个组员来说,要尊重别人的意见,积极贡献自己的点子,讲究沟通与合作,获得整个小组的利益最大化。

二、美丽景观

团队创意是一个团队取得成功的根本前提,而个人创意是团队创意不可或缺的部分。所以作为一个团队的领导者,一定要明白他的小组各个成员的特点并善加利用。此活动可以帮助他们做到这一点。

1. 参与人数:每10人一组
2. 时间:50分钟
3. 场地:教室
4. 道具:每组一套材料,包括A4纸50张,胶带1卷,剪刀1个,彩笔1盒
5. 应用:
(1) 团队创新能力的培养
(2) 团队合作中的角色分工和协作问题
6. 规则和程序:
(1) 将学生分成10人一组,然后发给每一组一套材料,要求他们在30分钟内建造出一处优雅美丽的景观来,要求景色美观、创意第一。
(2) 要求每一组选出一个人来解释他们景观的建造过程,比如:创意、实施方法等。
(3) 由大家选出最有创意的、最具有美学价值的、最简单实用的景观。胜出组可以得到一份小礼物。
7. 相关讨论:
(1) 你们组的创意是怎样来的?
(2) 在建造的过程中,你们的合作过程如何?大家的协调性怎么样?各人扮演什么角色,这一角色是否与他的平时形象相符?
8. 总结:
(1) 创意好不好关系到景观的成败。如果一开始的思路就错了,或者根本没有明确的目标,就会在以后的工作中面临越来越多的问题,比如时间管理、审核标准、资源分析等。
(2) 当想出足够好的创意以后,每个人根据自己不同的特长选择不同的任务,比如空间感好的人就可以来搭建模型,手巧的人可以进行实际操作,但是最重要的是一定要有一个领导者,他要纵观整个全局,对创意进行可行性评估,以及最后进行总结。
(3) 对于组员来说,如果你有了新的创意,一定要跟其他人交流,让他们明白你的意思,并让大家评定你的点子是否可行。

话题二　市场营销技巧

一、掌握营销概念

市场营销是指在以顾客需求为中心的思想指导下,企业所进行的有关产品生产、流通和售后服务等与市场有关的一系列经营活动。

美国的迪斯尼乐园,欢乐如同空气一般无所不在。它使得每一位来自世界各地的儿童美梦得以实现,使各种肤色的成年人产生忘年之爱。因为迪斯尼乐园成立之时便明确了它的目标:它的产品不是米老鼠、唐老鸭,而是快乐。人们来到这里是享受快乐的。公园提供的全是快乐。公司的每一个人都要成为欢乐的灵魂。游人无论向谁提出问题,回答的人都必须用"迪斯尼礼节"来回答,决不能说"不知道"。因此,游客们一次又一次地重返这里,享受快乐,并愿意付出代价。

反观中国的一些娱乐城、民俗村、世界风光城市等,那单调的节目,毫无表情的解说,爱理不理的面孔,使人只感到寒意,哪有欢乐可言?

案例

营销技巧创造需求

美国一鞋业公司的老板派他的财务主管到非洲国家了解公司的鞋能否在那里找到销路。一星期后,这位主管打电报回来说:"这里的人不穿鞋,因而这里一点市场都没有。"

接着该鞋业公司的总经理决定派最好的推销员到这个国家进行仔细调查。一星期后,推销员打电报回来说:"这里的人不穿鞋,是一个巨大的市场。"

鞋业公司总经理为弄清情况,再派他的市场营销副总经理去解决这个问题。两星期后,市场营销副总理发回电报说:"这里的人不穿鞋,但是他们有脚疾,穿鞋对脚会有好处的。他们的脚比较小,所以我们必须重新设计我们的鞋子,而且我们必须在教育懂

不了解客户需求的销售是无的放矢。

得穿鞋有益方面花一大笔钱,在开始教育之前还必须得到部落首领的同意。这里的人没有什么钱,但是他们有我未曾尝过的最甜的菠萝。我估计鞋的潜在销售量在3年以上,因而我们的一切费用包括推销菠萝给一家欧洲连锁超级市场的费用都将得到补偿。总算起来,我们还可以赚得垫付款30%的利润。我认为,我们应该毫不迟疑地去干。"

启示

案例中我们看到面对同样一个市场,两个销售人员有着截然不同的反应,这就是一个市场细分的问题。我们可以看到,市场细分有如下作用:

1. 市场细分是制定市场营销战略的关键环节;
2. 市场细分有利于发现市场营销机会;
3. 市场细分能有效与竞争对手相抗衡;
4. 市场细分能有效地拓展新市场,扩大市场占有率;
5. 市场细分有利于企业扬长避短,发挥优势。

二、抓住营销要素

市场营销是把买方和卖方联系到一起的一种行为,包括所有发生在生产和购买中间的事情。

在市场营销中,需要注意一下四个要素:Product(产品)、Price(价格)、Promotion(促销)、Place(分销),简称4P。4P是公司用来在目标市场实现营销目标的一整套营销工具。

(一)产品

产品本身是营销的起点。产品必须是消费者需要的,必须具有消费者愿意支付的价格水平上的特色和质量。麦当劳和其他成功的快餐经销者的秘诀是:他们提供的商品满足了顾客的需要,并且顾客愿意支付相应的价格。像麦当劳这样成功的公司对客户的需要予以密切的关注。

产品是和目标市场紧密联系的。企业应先定位目标市场是什么,目标客户是哪些人,再决定推出怎样的产品。企业可通过市场调研来发现客户的心理。他们可能使用网络、电话或者邮件调查,或者亲自拜访客户。调研人员提出的问题可以识别出客户最看重的产品特色,最希望的质量标准,或者最希望购买的产品,这样企业就可以着手开发新产品。比如肯德基推出的安心油条产品是针对中国市场,而不会在美国市场推出。因为中国人习惯早餐吃油条、豆浆,美国人则习惯早餐吃牛奶、面包。同样,竞争者麦当劳也推出早餐产品,如热香饼、麦香脆鸡卷等。

(二)价格

营销的一个重要内容就是定价。企业必须寻找出能让他们获得最大利润的价格。这就意味着这个价格能够弥补企业的全部成本。然后,企业根据这些费用计算出它的盈亏平衡点。在这个平衡点上,销售收入等于固定成本和可变成本的总和。处在这个平衡点的一侧,企业就会亏损;如果处在另一侧的话,企业就会盈利。

企业必须非常谨慎,不能定价过高。如果竞争对手的价格更低,那可能是因为他们掌握了降低成本的特殊信息,或是因为他们的生产更有效。

(三)促销

促销是使自己的产品与众不同并能销售出去的关键一步。广告、邮购以及当面联系都是促销的几种方式。如果客户不了解一个产品的话是不会购买的。

一些研究广告的学者认为用在传单和促销中的钱都是浪费。但广告商说,通过市场调查企业发现消费者需要广告。通过广告,厂商告诉人们可以买到什么样的产品,甚至告诉客户购买这个产品的种种理由。

时新商场对折销售何以成功

湖北十堰市时新商场是一个以经营纺织品为主的商场。近几年来，由于受纺织品销售不景气的大气候的影响，生意比较平淡。尤其是大批的鞋类积压，使商场举步维艰。其中仅旅游鞋就占用了40万元资金。为了摆脱被动局面，1993年11月份商场用半个月的时间对折销售旅游鞋。该店在十堰市最具影响的《车城文化报》上宣称：此举措是以加速资金周转、盘活资金为目的，商场将亏损10万元。

当这个消息传播出去以后，该店鞋柜每天顾客熙熙攘攘，这种情况持续了15天，该店销售的旅游鞋不仅有仿皮鞋(40元)、普通鞋(60元)，也有名牌鞋，如狼牌、火炬牌，定价也只有70元。结果，这些鞋全部销售一空。该店不仅没有亏损，反而赚了5万元。

灵活的营销手段、促销方式不但能将囤积许久的产品销售出去，同时也能使企业转亏为盈，获得极大的利润。

（四）分销

为了让产品能够卖出去，必须在人们想要购买的时候把它放到合适的地方。

但现在，分销不再被看做是一个特殊的位置。因为越来越多的产品通过互联网做广告和进行销售，邮件订购也是非常有效的方法。而那些大零售商（如沃尔玛）在全国拥有很多连锁店，那是他们实现销售的地点。

企业有了好的产品，合理的价格，较高的知名度，消费者有购买意愿后，接下来很重要的一点是消费者到哪里可以买到这些产品？而分销就是企业使目标消费群能方便及时地购买到产品的工具。

三、实施营销策略

（一）补缺定位策略

补缺定位策略是指企业把产品定位在竞争者没有注意和尚未占领的那一部分市场需求，这样可以避开竞争，先入为主，获得进入某一市场的先机。

企业采用这种市场定位策略，必须具备以下条件：一是企业有满足这个市场所需要的货源；二是该市场有足够数量的潜在购买者；三是企业具有进入该市场的特殊条件和技能；四是经营必须盈利。

（二）并存定位策略

并存定位策略是指企业发现目标市场竞争者充斥，已座无虚席，而该市场需求潜力又很大，企业跟随竞争者挤入市场，与竞争者处在一个位置上的策略。

企业采用这种策略，必须具备下列条件：一是目标市场还有很大的需求潜力；二是目标市场未被竞争者完全垄断；三是企业具备挤入市场的条件和与竞争对手"平分秋色"的营销能力。

（三）主宰定位策略

主宰定位策略是指企业在同行业中居于领导地位，经济实力雄厚，产品拥有最大的市场占有率。这类企业在市场上占有垄断地位，经常在价格变动、新产品开发、分销覆盖和促销强度上左右市场，支配着其他企业。

为实施这一策略，企业要保持自己的特色，尽力扩大企业与竞争者之间的差异，以便在顾客心目中树立良好的、独特的企业形象。为了防御竞争者的攻击，往往采用阵地防御、侧翼防御、反攻防御、以攻为主等策略。

（四）挑战定位策略

挑战定位策略是指在同行业中，一些大企业处于第二、第三市场地位，不甘心被领导，立意抢占市场主导位置，与在市场上占据支配地位的，亦即最强的竞争对手"对着干"，以提高市场占有率，增加盈利，最终取而代之。

企业采用这种策略，必须具备以下条件：一是要有足够的市场潜量；二是企业具有比竞争对手更丰富的资源和更强的营销能力；三是企业能够向目标市场提供更好的商品和服务。

（五）追随定位策略

追随定位策略是指在同一行业中，一些企业从利润出发，不愿意冒风险与市场领导者争夺市场主宰地位。

这类企业一般分为三种情况：一是紧随其后，即尽可能在各个细分市场及市场营销因素组合策略上模仿领导者。二是有距离追随，即与领导者保持一定的差别，但在主要市场、产品革新、价格水平等方面追随领导者。三是有选择追随，即有时紧随其后，有时各行其是。

（六）领先定位策略

领先定位策略是指企业选择的目标市场尚未被竞争者发现，企业率先进入市场，抢先占领市场的策略。

企业采用这种定位，必须具备以下几个条件：一是该市场符合消费发展趋势，具有强大的市场潜力；二是企业具备领先进入的条件和能力；三是进入的市场必须有利于创造企业的营销特色；四是提高市场占有率，使本企业的销售额在未来市场的份额中占40%左右。

美国花生酱打入俄罗斯

美国花生主产于佐治亚等州,前民主党总统杰米·卡特就是靠在佐治亚种植花生起家的。几十年前,一位美国黑人科学家经过了多次试验,研制出了特殊风味的花生酱,一下子风行全美。这种花生酱的加工技术独特,营养丰富,据说蛋白质含量超过了牛肉。当时,美国经济不景气,这种价格便宜的花生酱很快成为南方穷人的主要食品。目前,美国全国花生理事会依靠四种促销手段很快使美国花生酱在俄罗斯站稳了脚跟。

首先是免费奉送。前苏联解体之后,俄罗斯出现了严重的经济危机,商品短缺,食品匮乏。美国布什政府同意向俄罗斯提供援助。美国的花生种植和加工者看准了这一机会,主动向俄罗斯提供60吨花生酱,分配给俄罗斯人。食物不足的俄罗斯人一吃到这种味道鲜美的花生酱,就有些舍不得放下了。

其次是大搞宣传活动。现在,美国花生酱的宣传活动已在莫斯科和圣彼得堡两大城市开展起来,美国人希望俄罗斯的这两座"领导新潮流"的城市能首先"热爱花生酱,然后把花生酱传到俄罗斯全国各地。"

第三是投俄罗斯政府所好。俄罗斯目前外汇短缺,用珍贵的硬通货进口花生酱可能性不大。美国的花生大亨们于是对美国政府和俄罗斯政府开展游说活动,以期实施由美国现款援助向俄罗斯出售美国花生酱的计划。美国全国花生理事会负责人说,以俄罗斯政府来说,牛肉短缺现象严重,用价廉的花生酱替代牛肉既可满足老百姓需要又能省钱,因此俄罗斯政府赞同这一计划是很有可能的。

最后是抓住青少年。美国花生商的目标是俄罗斯青少年。美国代表在莫斯科和圣彼得堡的各学校里东奔西走,促使各学校同意把花生酱列入学生午餐食谱。为了笼络感情,代表团携带了大批美国花生酱纪念章,并在俄罗斯青少年中散发。

营销策略对于产品、对于企业的重要性由此可见一斑。

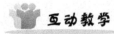

可口可乐还是百事可乐?

请学生想一下我们在哪里能买到可口可乐?(可口可乐怎样分销?超市,自动售货机,饭店,等等。)如果在饭店吃饭,想喝可口可乐,但这家饭店只有百事可乐供应,需要自己去对面的超市买可口可乐,请问同学们会选择喝什么?

模块三　拟定创业方案

教学目标

制定创业实践方案,通过有针对性的创业项目的市场调查和实践,掌握创业方案制定的知识和技能。

教学要求

认知:了解创业项目的市场调查和创业方案制定的基础理论,理解其实质和内涵。

情感态度观念:理解创业方案的重要性,形成创业方案是保证创业成功的关键因素的意识。

运用:根据初步确定的创业目标和自身的条件拟定一份详细的创业方案,在今后的创业实践中把握正确的方向,尽快实现创业目标,同时在参与学校组织的各类校内外创业实践活动中实施创业方案。

话题一　创业市场调查

一、市场调查内容

创业方案主要是根据市场提供的创业信息来编制的。创业者,特别是投资办企业、生产产品的创业者,在拟定创业方案前,应对项目所涉及的一些具体问题作进一步的市场调查,从而获得必要的信息需求,有的放矢,使创业方案具有可实施性。

比如,可对以下情况进行全面调查了解。

1. 创业项目的外部环境

创业项目的外部环境是创业者本身无法控制的外部因素。从事创业活动的外部影响因素主要有宏观政策、市场需求、市场资源、市场竞争等。外部因素极为纷繁复杂,各种因素对创业活动所起的作用又各不相同,并且在不同的客观经济条件下,这些因素又以不同的方式组合成不同的体系,发挥着不同的作用。在进行创业时,也很难对这些外部因素施加有效的影响。因此,在拟定创业方案、从事创业活动前,必须搜集各种信息,认真分析,研究外部环境的发展变化,了解国家关于发展经济的政策导向、优惠政策,了解市场需求、市场资源、市场竞争等。否则,很可能因为不了解外部环境的变化而导致创业目标不能实现。

2. 创业项目的市场需求

市场的需求情况将决定未来企业的生产经营状况。产品没有市场需求的企业是不可能做到生意兴隆、企业兴旺的。在拟定创业方案前，必须认真调查、研究创业项目建成之后产品的市场需求情况。因为产品能否顺利地销售，是创业能否成功的关键。预测产品的销售情况是拟定方案前一项必不可少的工作。预测产品今后的销路，需要调查了解多方面的情况。除了了解产品本身的特点，包括产品设计、性能、用途、造型、包装、安全性、生命周期、新产品开发等情况以外，还要了解市场需求构成、需求水平、竞争态势、购买心理和购买习惯等各项因素。因此，对产品销路的预测，必须考虑各种综合因素。一般要做好以下需求情况的调查：

（1）产品的需求总量；

（2）产品的需求结构；

（3）产品的需求规律；

（4）产品的需求动机。

3. 创业项目的现有资源

对创业者来说，产品的现有资源和原材料情况是必须了解和考虑的重要问题。只有具备充足的产品原材料，创业投资项目建成竣工并投入使用后，才能保证企业的正常运转，获得合理的收益，收回投资成本。一般来说，创业产品的现有资源和原材料情况调查主要包括本行业、本地区该种产品国内外生产经营状况，新产品开发和原材料供应情况，产品的种类、质量、成本、数量、价格、盈利等。创业者在拟定创业方案前，只有将这些情况调查清楚，才能理智地分析判断，并作出决策。

4. 创业项目的竞争对手

创业者对于产品的市场竞争对手的情况必须充分调查了解。需要调查了解的情况包括竞争对手的数量、经营状况、劳动效率、优势和弱点、竞争策略以及潜在的竞争对手等。创业者在确定创业项目、拟定创业方案前，要深入调查、了解、研究产品的市场竞争状况。要详细调查了解在初步准备创业的地区和行业有无竞争对手，竞争态势如何，如果自己加入这一行业的竞争，竞争态势将发生什么变化，自己有无能力采取应对措施以确保产品能够立于不败之地。

5. 创业项目的投资成本及价格预测

在创业者进行的调查活动中，价格是需要考虑的重要因素之一。创业者在拟定创业方案前从事的价格调查主要包括建设厂房的总造价、生产设备的总投资、为创办企业应缴的各种费用、产品的原材料价格、生产工人和管理人员的工资、产品的市场价格以及变动趋势等。要通过对这些因素的调查、了解、分析，测算出价格变动对产品投资成本的影响程度，从而预先采取积极的应对措施，争取在激烈的产品竞争和价格竞争中始终立于不败之地。

案例1

下岗开办卤鸡店　一年赚钱四五万

山西的赖冬梅是一位下岗女工。为了谋生先后开过饭店、摆过布摊，受罪不少却没有挣下钱,她一直苦苦寻找能够让她发家致富的项目。

一次,她在临汾市探亲时,在街上看到一家店门前顾客排着长队,一打听原来是个卤鸡店。看到生意如此好,赖冬梅脑中立即有了一个想法:能不能在本县也开一家卤鸡店。为了稳妥起见,赖冬梅花了20多元钱,将卤鸡店里的鸡爪、鸡翅、鸡腿、鸡肉等每样买回一点,拿到亲戚家品尝。尝过之后,大家都认为这种卤鸡肥而不腻、香味扑鼻、口感颇好、风味独特。于是,赖冬梅来到这家卤鸡店,与老板作了深谈,得知这种卤鸡配方独特,他也有意在各地开办连锁店,只是要交2万元技术转让费,负责包会并提供一些原料。赖冬梅迅速回到吉县,取出多年积蓄的钱,又向亲戚朋友借了一些,专程到临汾和店主签了合同并学习一周时间。学成回家后,赖冬梅选择了临街一间20平方米的房间作为门店,按照制作方法做了第一锅卤鸡。

为了打开市场,她打印了宣传单,又免费让上门观察的顾客品尝,还拿着做出的产品到本县一些大饭店、熟食店让厨师、老板品尝。经过努力,得到了消费者的认可。一些大饭店为了吸引客人,也将卤鸡作为特色菜推出,使赖冬梅的卤鸡生意越来越火。为了迎合市场的需求,赖冬梅推出整鸡、鸡舌、鸡腿、鸡翅、鸡蛋等多个品种供顾客选择,几乎每个顾客都能找到自己喜爱的品种。

启示

赖冬梅通过试销产品和服务,实地测试顾客对产品的反应,找到致富的途径,这是零售业最有效的方法。

案例2

市场调查成就创业梦想

方毅是"备备"的主要发明者,2005年,他在浙大读书时,经常在浙大论坛上看到同学发帖,说自己手机丢了,通讯录没了。"我们几个学生凑在一起闲聊,当时闪过一个念头:能不能把通讯录备份在充电器里,就算手机丢了,通讯录也不会丢。"

在研发"备备"之前,他们调查了2000人,结果显示:用数据线把手机通讯录备份到电脑上的,不到1%;70%的人有备份通讯录的需要;15%的人有急切备份的需要;但已做备份的人不到3%。经过两年时间的反复测试,"备备"终于成功面市。"备备"有两层意思,既备数据,又备电源。手机在充电时,"备备"自动存储通讯录,如果通讯录里有新增号码,"备备"会自动检索、存储。

之后,方毅成立了杭州每日科技有限公司,建立了"备备手机数据备份器"在全国13个

省的代理商渠道。2008年11月以来，"备备"持续盈利。如今"备备"已经拥有四代家族成员，估计2010年的销售额将突破1000万，实现利润300万。

启示

一个创业项目要取得成功，首先关注的是行业、市场和用户的需求，其次是如何去满足这种需求。对方毅来说，首先考虑最终用户、手机厂商、运营商等到底谁是自己的客户？如何对用户展开营销？行业进入的障碍如何克服？只有明确这些问题后才能建立正确的商业模式，提出技术解决方案和形成产品或服务的形式。因此，创业调查是创业的前提和基础，十分重要。

市场调查出的一片新天地

几年前，行健曾经在一家面包店里打工，一年多的工作经历，使他了解了面包制作、销售的全部流程。有一门自己熟悉的专业，使他萌发自立门户的念头。为了自己的创业理想，他多方调查，四处选址。后来，行健在当时还在整修中的岳州路发现了眼下这个90平方米的店面——岳州路363号。房租较其他地方合理些，周围是大片居民区，这在行健看来正是不可多得的市场。

然而，经过周密的市场调查后，他发觉这个店面并不适合做面包房生意。后来经朋友介绍，他也作了多方面权衡，最终开了如今的这家洗衣店。一个人有一技之长，如懂得开锁，并不代表他只能开卖锁店，开一间时装店也不为奇，只要他真能赚钱、能发展便可。

经营洗衣店是一项很细致的工作。2003年盛夏时节，行健辞去自己原来的工作，冒着酷暑，穿梭在城内的街道上，从店面、资金、人员、技术、设备等入手，全方位地考察研究上海的洗衣行业。从店面形象的装修到添置必要的洗衣设备，从如何提高洗衣技术到如何提供周到的专业服务，从如何到周围小区推广到如何建立价格优势，从如何识别污渍、正确使用耗材到如何识别特殊面料，正确选择清洗、保养方法……行健无不亲历亲为，花了好一番功夫。

店开出来了，但行健深知，仅仅靠品牌、靠门面的壮观、靠宣传资料是远远不够的，要留住客源，必须要让顾客来评价，最终要顾客说好才是唯一生存尺度。

如今行健的洗衣店已颇具规模，生意也一天比一天红火，但他仍兢兢业业地在这条创业的路上一步一个脚印地朝前走。

启示

行健的成功源于在创业前进行了全面的市场调查，获得了必要的信息需求；源于对顾客需求的了解。因此，在拟定创业方案时，市场调查必不可少。

二、市场调查方法

（一）按调查范围不同分类

按调查范围不同，市场调查可分为市场普查、抽样调查和典型调查三种。

1. 市场普查

市场普查即对市场进行一次性全面调查，这种调查量大、面广、费用高、周期长、难度大，但调查结果全面、真实、可靠。

2. 抽样调查

可据抽样调查的结果推断整个总体的状况。比如你经销一种小学生食品或用品，完全可选择一两个学校的一两个班级的小学生进行调查，从而推断小学生群体对该种产品的市场需求情况。

3. 典型调查

典型调查即从调查对象的总体中挑选一些典型个体进行调查分析，据此推算出总体的一般情况。如对竞争对手的调查，你可以从众多的竞争对手中选出一两个典型代表，深入了解、研究，剖析它的内在运行机制和经营管理优、缺点，价格水平和经营方式，而不必对所有的竞争对手都进行调查，这样难度大、时间长。

（二）按调查方式不同分类

按调查方式不同，市场调查可分为访问法、观察法和试销或试营法。

1. 访问法

访问法即事先拟定调查项目，通过面谈、信访、电话等方式向被调查者提出询问，以获取所需要的调查资料。这种调查简单易行，有时也不见得很正规，在与人聊天闲谈时，就可以把你的调查内容穿插进去，在不知不觉中进行市场调查。

2. 观察法

观察法即调查人员亲临顾客购物现场，如商店和交易市场；亲临服务项目现场，如饭店内和客车上，直接观察和记录顾客的类别、购买动机和特点、消费方式和习惯，商家的价格与服务水平、经营策略和手段等。这样取得的一手资料更真实可靠。要注意的是你的调查行为不要被经营者发现。

3. 试销或试营法

对拿不准的业务，可以通过试营业或产品试销来了解顾客的反映和市场需求情况。

话题二 拟定创业方案

一、创业方案意义

成功，从一份计划书开始

2008年以来，泰州市教育局已连续举办了三届全市职业学校学生创业模拟实践大赛。那一年，泰州机电高等职业技术学校纪建伟同学的《中国移动通信凌豆村便民店计划书》在比赛中脱颖而出，被推荐参加美国国家创业指导基金会的商业计划书评比，获全球创业精神大奖，并赴美国领奖。他是当年30位获奖者中唯一的中国学生。毕业后，他又正式注册了沃尼亚信息咨询服务有限公司，为企、事业单位和个人提供网络、报刊、图册信息咨询服务。

创业方案对初创业的人来说作用重大，尤其是那些寻求资金的年轻创业者，它犹如一把"金钥匙"，决定着事情的成败，可见创业方案的重要性。

一位名人曾经说过，成功＝周密的计划＋正确的方法＋有效的行动。创业方案是创业行动的指南，是保证创业成功的关键因素之一。

要想取得创业成功，必须根据初步确定的创业目标和自身的条件拟定一份详细的创业方案，根据有关原理、理论和了解掌握的创业经验，为自己的创业构想整理出一套全面、渐进的程序和方法，并用书面的形式表达出来。

创业并不是只凭热情、冲动，更需要理性。拟定创业方案的过程是客观、严格地从整体角度进行创业构想的过程。创业目标明确了干什么、怎么干、如何干好的问题，而一份切实可行的创业方案将有助于在今后的创业实践中把握正确的方向，尽快实现创业目标。事实上，完成一份专业性的创业方案是创业前的必修课，制定一份详实、规范的创业方案对于任何创业者都是需要的。

首先，在制定创业方案时，通过调研会比较客观地分析自己的创业环境，保持清醒的头脑；其次，一份比较完善的创业方案能够成为创业者的创业指南。除此之外，创业方案也可以吸引创业投资，从这个意义上讲，一份优秀的创业方案也会成为创业者吸引资金的"敲门砖"和"通行证"。

二、创业方案内容

　　一份详实而有效的创业方案对企业今后的运作将起到事半功倍的效果,那么该如何撰写创业方案呢?在认真做好市场调查的基础上,我们可以根据初步确定的创业目标和创业构想拟定创业方案。

　　创业方案既可以分创建方案和创业经营方案两部分叙述,也可以合并叙述。创业经营方案是指对未来事业的全面计划,明确未来事业干什么、怎么干和如何干好的问题。

　　一般来说,一份标准的创业方案主要包括以下内容:

　　1. 方案摘要

　　方案摘要列在创业方案的最前面,它浓缩了创业方案的精华。方案摘要涵盖方案的要点,以求一目了然,以便读者能在最短的时间内评审方案并作出判断。

　　方案摘要一般要包括以下内容:公司介绍,主要产品和业务范围,市场概貌,营销策略,销售计划,生产管理计划,管理者及其组织,财务计划,资金需求状况等。

　　摘要要尽量简明、生动。特别要详细说明自身企业的不同之处以及企业获得成功的市场因素。

　　2. 产品(服务)介绍

　　通常,产品介绍应包括以下内容:产品的概念、性能及特性,主要产品介绍,产品的市场竞争力,产品的研究和开发过程,发展新产品的计划和成本分析,产品的市场前景预测,产品的品牌和专利。

　　一般地,产品介绍都要附上产品原型、照片或者其他介绍,介绍的内容比较具体,因而写起来相对容易。

　　3. 人员及组织结构

　　有了产品之后,创业者第二步要做的就是结成一支有战斗力的管理队伍。企业管理的好坏直接决定了企业经营风险的大小,而高素质的管理人员和良好的组织结构则是管理好企业的重要保证。

　　企业的管理人员应该是互补型的,而且要具有团队精神。一个企业必须要具备负责产品设计与开发、市场营销、生产作业管理、企业理财等方面的人才。在创业方案中,必须要对主要管理人员加以阐明,介绍他们所具有的能力,他们在本企业中的职务和责任,他们过去的详细经历及背景。

　　4. 市场预测

　　当企业要开发一种新产品或向新的市场扩展时,首先要进行市场预测。如果预测的结果并不乐观,或者预测的可信度让人怀疑,那么投资者就要承担更大的风险,这对多数风险投资家来说都是不可接受的。

　　在创业方案中,市场预测应包括以下内容:市场现状综述,竞争厂商概览,目标顾客和目标市场,本企业产品的市场地位,市场区域和特征等。创业者应牢记的是,市场预测不是凭空想象出来的,对市场错误的认识是创业经营失败的最主要原因之一。

5. 营销策略

营销是企业经营中最富挑战性的环节。在创业方案中,营销策略应包括以下内容:

(1) 市场机构和营销渠道的选择;

(2) 营销队伍和管理;

(3) 促销计划和广告策略;

(4) 价格决策。

6. 制造计划

创业方案中的生产制造计划应包括以下内容:产品制造和技术设备现状,新产品投产计划,技术提升和设备更新的要求,质量控制和质量改进计划。

在寻求资金的过程中,为了增大企业在投资前的评估价值,创业者应尽量使生产制造计划更加详细。

7. 财务规划

财务规划需要花费较多的精力来作具体分析,其中就包括现金流量表、资产负债表以及损益表的制备。流动资金是企业的生命线,因此企业在初创或扩张时,对流动资金需要有预先周详的计划和进行过程中的严格控制。损益表反映的是企业的盈利状况,它是企业在一段时间运作后的经营结果;资产负债表则反映在某一时刻的企业状况,投资者可以用资产负债表中的数据得到的比率指标来衡量企业的经营状况以及可能的投资回报率。财务规划一般要包括以下内容:

(1) 创业方案的条件假设;

(2) 预计的资产负债表,预计的损益表,现金收支分析,资金的来源和使用。

案例

"校园报亭"创业方案

下面这份创业方案的作者顾杜航是江苏省通州职业教育中心的在校生。他的创业方案刊登在《江苏科技信息·科技创业版》杂志上,"校园报亭"也是他所在学校创业园中的创业项目。

1. 项目描述

在学校开设一个校园报亭,为广大的师生提供精神食粮。虽然现在互联网高速发展,但报纸和杂志这类传统的传媒行业的发展有其自身的优势。校园报亭采用学校团委投资、学生经营的方式,准备于2008年8月底开业。营业服务的对象主要是学生,所以营业的时间与学校作息时间相互协调,主要放在五个阶段(晨读之前、课间操时间、中午、午后、晚间)。为了方便全校所有的学生,营业地点放在学校中间地段,即大礼堂前。

2. 服务

校园报亭主要经营报纸和杂志,兼营销售电话卡、矿泉水等,并提供公用电话服务。我们学校是封闭式管理的学校,这样的管理方法有利于我们学生全身心地投入到学习中去。但是也使我们在一定的时间段与社会失去联系,而报亭就可以弥补这一缺陷,使我们能拓宽视野,与社会紧密地联系在一起。同时,也可以为我们学校的勤工俭学提供服务站点。

3. 市场调查

主要的市场放在学校,服务的对象是全校师生。通过市场调查,对于职校生来讲,来到职业学校是为了能学到一门技术,作为一个没有收入的消费群体,消费水平不高。校园报亭主要是出售价格中等、信息量大、在社会上有好的口碑,并适合学生阅读的报纸和杂志。由于"校园报亭"才启动,为了减少风险,"校园报亭"的初级阶段准备与社会上比较好的报亭相合作,报刊从他们的报亭进,一方面减少学生的负担,另一方面也可减少风险。

4. 经营地点

学校一共有五个部,有三个部在大礼堂附近,学生宿舍也在大礼堂往北,而有两个部在学校南部,学生宿舍也在南部。为了方便全校师生,将校园报亭放在学校的中间地段。

5. 市场竞争

校园报亭在校园中独此一家,没有竞争对手。但顾客就是上帝,顾客的需要直接决定报亭利润的多少。因此,校园报亭要效仿许多经营好的报亭,加强管理。

6. 经营管理

校园报亭的营业时间主要分五个阶段:晨读之前、课间操时间、中午、午后、晚间时间(见表1)。

表1:五个营业阶段

时间段	服务时间
晨读之前	6:30 – 7:00
课间操	9:20 – 9:50
中午	11:35 – 12:15
午后	13:30 – 14:00
晚间	17:35 – 18:40

后三个营业时间为营业繁忙阶段。因此,前两个阶段设两名营业员,后三个阶段设三名营业员。在一个营业阶段完成之后,由营业员填写该阶段的营业记录,供店长查实。

江苏省通州职教中心校园报亭营业记录见表2。

表2:营业记录

日　　期:　　年　　月　　日

序号	出售报刊、商品名称	数量	单价	金额

7. 人事组织

校园报亭主要设店长一名、副店长一名,从全校学生中招聘产生。店长主要负责报纸和杂志的进购,副店长主要负责现金的管理和结算。学期结束后,店长的待遇为利润的20%,副店长为利润的15%。设营业员5名,对象主要是勤工俭学的同学,待遇为每小时5元。实行优胜劣汰制度。

8. 财务分析

"校园报亭"启动资金主要由学校团委提供,共为5000元整。营业初期,利润与其他报亭协商得出,待时机成熟后,校园报亭自主经营。按正常报亭利润,每1元的营业额能赚取0.2元的利润,加上副业,一天估计毛利润有100元。

假设一天毛利润为100元,

一天的纯利润 = $100 \times (1 - 0.2 - 0.15) - 40 = 25$ 元

一学期的纯利润 = $25 \times 4 \times 30 = 3000$ 元

9. 企业文化

校园报亭的外型与邮政报亭相仿,体现学校的特点。

启示

这份精心制作的策划书和以后的实践,对于想要创业的中职生会有一点启发。我们可以在校内尝试结合自己特长和专业进行创业方案的设计。

三、创业方案原则

一份好的创业方案必须要呈现竞争优势与投资者的利益,同时也要具体可行,并提出许多可供作证的客观数据。其内容必须能完整地包括所有重要的经营功能,对环境变化的假设和预测也必须一致,以充分实现创业者对于企业内外部环境的成熟,以及实现经营计划的信心。

以下我们综合多位创业专家的意见,将拟写创业方案的原则归纳为6C原则。

1. Concept(概念)原则

就是让别人知道你要做的是什么,卖的是什么。

2. Customers(顾客)原则

顾客的范围要很明确,比如说认为所有的女人都是顾客,那50岁以上、5岁以下的女性也是你的客户吗?

3. Competitors(竞争者)原则

需要问:你的东西是否有人做过、卖过,是否有替代品,竞争者跟你的关系是直接还是间接的。

4. Capabilities(能力)原则

要卖的东西自己懂不懂?譬如说开餐馆,如果厨师辞职了,一时又雇不到人,自己会不会炒菜?如果没有这个能力,至少合伙人要会,再不然也要有鉴赏的能力,不然最好是不要开。

5. Capital(资本)原则

资本可能是现金,也可以是有形或无形资产。要很清楚资本在哪里、有多少,自有的部分有多少,可以借贷的有多少。

6. Continuation(持续经营)原则

当事业做得不错时,将来的计划是什么。

案例

母子书店——小成本也能赚大钱

我想你一定见过儿童书店,但是你不一定见过母子书店。这种书店可采用"地铺书店＋网上书店＋读书俱乐部三位一体的经营方式运营"。意思是说书店的经营包括书籍零售、图书租赁、图书银行、图书寄售等4种方式。"母子书店"专门销售幼儿教育、儿童文学、小学教辅、才艺兴趣、智能训练、父母读物、家庭综合等方面的专业书籍和音像制品。

1. 形式解读

书籍零售——可销售儿童读物、早教教材、儿童食谱、孕婴保健等专业书籍。

书籍租赁——买书不如租书,可以不再为只看几天的书而掏几十元了,可让教育成本立即省10倍,是家长们愿意采用的形式。

书籍银行——闲置书不再是累赘;寄存在书店,既节省空间又赚取利息。

书籍寄售——把闲置的书寄放在书店销售,变废为宝,还能把闲置品变为钞票。

2. 开店理由

知识已成为人们生存、发展的最大资本,个人、家庭在学习、教育上的投入逐渐增加;同时随着经济收入的增长,家庭对孩子教育成本的投入也在不断地加速提高。"再苦不能苦孩子,再穷不能穷教育!"父母是培养孩子最重要的老师和责任者,如何正确培养孩子,已成为新时代的父母,特别是母亲的一个重要课题,借助相关的专业书籍帮助提高教育质量是父母必然的选择。因此,中国图书业,尤其是母子书店迎来了蓬勃发展的好时机,市场前景必然广阔。

启示

这种母子书店应注意书店的亲情氛围,要有一种亲和力。在选购图书的时候应注意书的内容和内涵,对于儿童读物、早教教材要有权威性,抓住顾客的特点,以母子特色取胜。我们在设计创业方案时也要注意创造独特的商业模式。

四、创业方案要点

1. 项目介绍要易懂

此部分主要是介绍创业项目,包括现有产品和服务的性能、技术特点、典型客户、盈利能力等,文字要通俗易懂,让人一目了然。

2. 市场和竞争分析要客观

在市场竞争部分,应重点分析市场整体发展趋势、主要影响因素等。竞争分析应包括对主要竞争对手的优、劣势分析。对于市场容量的估算、未来增长的预测的数据最好是来源于中立第三方的调查或研究报告,避免自行估计,自吹自擂。

3. 实施计划要详尽

拥有了优质的产品和良好的市场机遇,还需要一个切实可行的实施计划来配合,这样才能保证最后的成功。在这一部分内容中,要着力举证为了实现战略目标而在人员、资金、资源、渠道、合作各方面的配置。

4. 财务测算要精细

许多创业者是行业专家,而对于财务和融资却是门外汉。所以,往往提交出来的数据粗糙,取舍随意,难以让别人认可。要弥补这方面的不足,除了借助财务人员的帮助外,也可以尝试寻求专业顾问人士的帮助。

5. 商业模式要独特

一份优秀的创业方案要体现出创业者独特的商业模式,而这需要满足以下三个条件:一是在理念、产品和服务上能为顾客提供独特价值;二是竞争对手难以模仿;三是可实际操作,不刻意追求新奇特。一般要求有自己独特的商业模式。那么如何设计商业模式呢?应当把未来经营行业内主要的竞争对手、潜在的竞争者、高速成长者的运作模式进行细致地剖析,分析其优点和缺点,吸收其合理部分,尤其关注业内"黑马"的运作模式并从知识产权角度保护自己的部分商业模式内容,增加对手模仿的难度。

6. 最后审视要仔细

写好创业方案后,最后还要重新仔细阅读一遍,看看这份方案是否具有可操作性;是否简单,很容易明白和操作;是否具体及适度,是否包括特定的日期及特定的人负责特定的项目以及预算;销售预估、费用预算是否客观及准确;是否完整,是否包括全部的要素,前后关系的连接是否流畅。

互动教学

按照以下创业项目格式拟定一份校内的创业方案,具体范例如下:

一、市场调研和分析此项目的市场分析报告
二、创业项目摘要
1. 创业项目成立的基本情况
项目名称
创业地点(具体地点)
营业时间
2. 项目负责人情况
联系人姓名
职务
班级
家庭住址
联系电话
3. 指导教师情况
4. 项目性质
（　）合伙人制　　　　（　）个人独资　　具体说明
5. 创业项目的宗旨
6. 请对您的创业项目进行描述
三、项目业务描述(产品与服务)
请介绍你公司的产品和服务,以及它们有什么独特之处?
四、市场营销战略和目标
请介绍项目所针对的市场营销战略、竞争环境及竞争优势?
五、财务预测
1. 达到赢亏平衡所需资本投入?
2. 从现在起需要多少个月能达到赢亏平衡?
3. 月收入
4. 月支出(包括利润分配)
六、经营管理
1. 列出创业项目的人物(按重要程度次序排列)
姓名　　　　职务　　　　在项目中所从事任务　　　　专长
2. 其他经营管理细则
七、其他
1. 你认为你们能够成功的主要原因是什么?
2. 请列出你认为其他需要介绍的地方?

模块四　开展创业实践

教学目标

在前期制定创业实践方案的基础上,通过有针对性的校内外创业项目的实践,掌握综合运用创业知识和技能的本领。

教学要求

认知:通过案例,了解创业实践典型项目,理解其实质和内涵。
情感态度观念:形成投身创业必须脚踏实地的观念,体验创业过程的艰辛和成就。
运用:根据个人制定的创业方案,按项目式教学进行模拟实战训练。同时自觉、主动、积极参与学校组织的各类校内外创业实践活动。通过自身的创业经历,达到创业锻炼的目的。

话题一　校内创业实践

一、校内创业模式

创业实践是创业意识形成、创业素质发展和创业能力提高的现实条件,是实现创业教育目标的重要方式和手段。

根据我们对成功创业的毕业生的追踪调查发现,他们的创业成功与他们在校期间获得的社会实践经验呈正相关。因此,加强社会实践,让学生有更多的机会融入社会,加深学生的社会角色体验,是提高创业能力的有效途径。

创业社会实践的主要途径有:社会调查、社区服务、社团活动、小企业承包、勤工俭学等。可以让学生们参观一下自己学校和其他职业学校校友们创办的企业,这既是在校生实习和实践的最佳场所,又是对他们进行创业教育的活教材。经过耳闻目睹,学生必然会从中汲取创业经验,感受创业的气息,从中获取创业的感性认识,感知创业的艰辛和周折,产生承受挫折、艰苦创业的心理准备,有助于激发他们进一步学习创业知识和技能,增强创业意识。

具体来说,校内创业模式有很多种类,应该根据实际情况确定,应该说,模式并不是一成不变的。以下仅供参考:

1. 自主创业型

创办私营企业或从事个体经营,自己做小老板,是许多职校生梦寐以求的。我们必须有意识地加以指导和训练,帮助学生掌握和巩固从事个体或私营企业所必需的规划、市场调查、贷款、注册、办税等方面的知识与技能。

自主创业主要集中在第三产业等服务性行业,具有投资少、见效快、品种多、与人民生活密切相关的特点。比如,对服装、营销专业的学生,通过经营承包学校校内商店或经销商的业务,以自己优质的服务、良好的管理、恰当的经营策略,锻炼自己在市场经济竞争中的气魄和胆量。这种创业模式,将会增强学生的创业意识,丰富创业社会知识,有助于其经营管理能力的提高,有助于学生今后的就业与创业。

2. 合作(合伙、合股)创业型

合作、合伙或股份制是小企业做大做强的途径之一。绝大多数学生创业的资本并不雄厚,合作、合伙或搞股份制,可以变劣势为优势,把事业做大。不同专业的学生可以利用各自的特长,合作、合伙或合股创业;专业相同的学生也可以相互联合、合作。这对于培养学生的团队合作精神,作用也很大。

以技术优势进行合作(合伙、合股)创业,对于计算机专业、机电一体化和电子、电工专业的学生来说,是得天独厚的创业模型。电脑图文制作、电脑美术装潢、数控操作、CAD制图、网页制作、光缆电缆制造等,都是他们的拿手好戏。为此,我们可以有意识地安排学生在实习期间,合作(合伙、合股)开办家电修理部、电脑经营部、图文制作社等,使理论知识运用于实践,提高实际操作能力。同时,锻炼学生的合作创业能力,为他们今后做大、做强奠定基础。

3. 学生社团创业型

社团活动因其主体的参与性、活动的实践性和组织的社会性而具有实践和实践教育的功能。社团活动可以为学生创业搭建一个很好的实践平台,因此,学生社团是创业实践的孵化器。

我们可以依托学生社团的组建和活动,结合学校的专业实训教学和其他资源,组织有该项目创业意愿的学生组成创业社团,认真指导、积极扶持学生创业社团开展创业实践。学校已有产业实体也可吸收学生创业社团参与生产、销售、经营与管理,同时要加大实训基地建设和改革力度,依靠基地育人,通过基地增效,如学生一站式服务中心、图文社、物流中心、学校超市、网店等。通过社团实践,把实训场所和学生社团办成教学示范的场所、学生动手实践的阵地和创造经济效益的实体,一方面消化吸收创业教育课程所学理论知识,另一方面充分体验创业过程。

 案例1

自主创业园成为学生练兵场

2011年4月中旬,无锡市商业职业技术学院投资200多万元改扩的学生创业园正式开园。该创业园不仅面向无锡商职院的学生,也期待藕塘职教园内所有的学生去创业。据了解,能够以这种形式为学生提供真实的创业实践机会的,无锡市独此一家,整个江苏省也不多见。

1. 创业园包括三大职能

2010年9月份,学院的创业教育园落成。在这里,教师指导学生操作,进行创业项目的模拟。在此基础上,学校于2011年建起了学生创业园,总建筑面积4000多平方米。

创业园内总共有三幢楼:A楼主要是非门店形式的学生创业项目,如通讯、设计、咨询服务、中介服务等;B楼是各种盈利商店,学生在这里开店卖数码产品、文具、服饰等;C楼则是教师和学生团队的创业工作室,如果教师的研究成果或者要开展的课程研究有市场价值,就可以申请C楼的工作室。

2. 学生为以后开店积攒经验

虽说4月中旬才正式开园,不少学生去年就已入驻其中。赵颖,无锡商院应用韩语专业大三学生,在学校社团中学习了制作手工花,到大二时,在老师和学生会主席的带领下,赵颖和另外两名同学在创业教育园内开了一家小店,主要卖鲜花、盆栽、玩偶和手工艺品等。2010年10月,凭借在创业教育园内一年多的"工作经验",以及老师们对小店市场价值的认可,赵颖顺利地通过竞争,把自己的小店搬到了创业园。现谈及在学校的创业过程带给她的影响,赵颖认为是巨大的:"虽然消费群体主要是学生,利润空间小,但是每个月毛利润也能有近2000元。"

单磊的数码产品店在赵颖对面,园内租金很低,按照每天每平方米1元的标准收取,第一年只收取50%。单磊原本是抱着玩的心态在创业教育园里帮朋友的数码产品店打工的,没想到现在成了自己的事业。"我觉得很开心,攒足了经验以后出学校会开一家更大的。"

3. 园内小店能领工商营业执照

比起原先的创业教育园,学生在创业园内可以获得更多的自主机会,所有工作都要独立完成。在B楼内的361°运动服饰店,是园内校企联合创业项目之一。学院创业教育科科长介绍说:"学院市场营销专业的40多个学生将全部参与其中,其中1人是店长,其余全是店员,从进货、铺货到管理、促销,全部由学生自己独立解决。"

同时,能让学生们更有做生意感觉的是,很有可能会拿到营业执照。无锡商职院建立创业园得到了藕塘职教园区管委会的大力支持。为了支持学生创业,园区管委会特地与工商部门商议,让这些学生店可以取得营业执照,以后再到外面开店时,变更营业地点即可。

 案例2

学生创业一条街

浙江三门职业中专从2008年开始创办的"学生创业一条街"是一个亮点:首先进行"创业

书答辩"大赛,对胜出的10个项目,学校酌情给予2000元至6000元的贷款,然后严格按照现实流程一丝不苟地给予办证,手续完备后才可以在校内的"创业一条街"自主经营。通过这种方式让学生在学校就可以学习创业的经验,同时体会创业的艰辛。学校还每年两次邀请成功创业的校友举行"创业报告会"。

2006年,江苏省教育厅启动实施职业教育创业行动工程,全面深化职业学校创业教育,鼓励、扶持在校生创业,推进创业知识教育向创业实践转变。两年来,各地各校踊跃实践,扬州商务高级职业学校、盐城高级职业学校、仪征职教中心、海安双楼职教中心等学校项目先导、点上实验,建立了在校生创业基地、创业园,进一步推动我省职业学校创业教育向深度开展。

 案例3

学生创业社团的实践

苏州工业园区工业技术学校在学生创业教育的改革和实践中走出了一条自己的路。各教学和生活场所都活跃着学生勤工俭学、社团创业的身影。

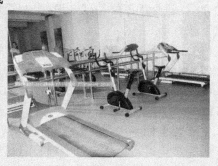

在这个家园中,能力的锻炼、心态的调整、人际沟通与协调、团队的分工与配合,一切都在教师的辅导之下由学生创业社团自己来完成。现有与专业结合的创业型学生社团10多个,包括客房服务创业经营社团、营销与物流创业经营社团、一站式服务创业经营社团、休闲体育创业经营社团、礼仪服务创业经营社团、图文制作创业经营社团等,既进行了创业的实践,又服务了师生,还在专业实训教学上闯出了一条新路。

把学生社团与创业实践和专业教学结合起来,组建创业经营的学生社团,是一条创业与德育、创业与教学相融合的新路,能鼓励更多的师生参与到校内创业的实践中,使他们真正成为创业的典型和领头羊,值得借鉴。

如今,江苏全省有不少职业学校积极开展多种组织形式的校内创业实践活动,向学生适度开放校内市场,鼓励学生在校园从事多种项目的创业实践,开展校园商品展销会、开辟校园二手交易市场、建立网上销售店铺等。各学校的小商品销售、二手图书、校园洗衣房、订做生日蛋糕、垃圾回收公司等校园创业实践项目如雨后春笋般不断涌现。

二、校内创业运作

（一）创业运作思路

利用学校内部的各种资源（包括市场、土地、铺面、人力、社团、设备等），鼓励开设与专业结合紧密的开发型学生公司，有条件可将这类公司真正推向市场，进行商业化运作。指导教师可担任公司的相关职务，也可以尝试与学生一起进行投资运作。在鼓励更多师生参与的同时突出重点培养对象，对学生创业主要管理人员进行专门培训，使他们真正成为代表学校创业教育成果的典型和领头羊。

（二）运作内容程序

1. 开展创业教育

以多种形式对全校学生进行创业教育，教育内容主要包括：个人创业条件的自我认识和自我评估，市场分析和定位及创业方向的选择，创业途径和方式介绍，创业相关法律法规、方针政策的介绍，创业者理财基础知识，企业管理基本知识和能力培训，创业方案的设计和撰写。可采用以下教育形式：

（1）开展针对全校学生的创业教育课程或讲座；
（2）对学生创业管理层进行创业特别培训；
（3）举办与成功创业者的交流活动以及到企业、兄弟学校创业园参观考察。

2. 进行创业设计

主要要求如下：

（1）学生可自由选定创业项目，设计创业方案；
（2）设定初选、复选、决选的梯级选制；
（3）学生可从入学开始就进行相关准备工作和创业方案撰写工作，时间充分，能保证创业方案有较高水平；
（4）学生创业方案不能同学校已有的经营项目相雷同，学生创业方案之间一般不能雷同。

3. 具体运作流程

（1）学生制定创业方案，聘请创业指导教师并审核方案；
（2）创业方案提交有关部门初审；
（3）创业指导部门组织专家、领导进行创业方案答辩，确定中标方案、负责人、指导教师、负责部门（教研室）和管理团队；
（4）中标方案（包括创业场地、设施、流动资金等）报学生创业工作领导小组审批；
（6）创业指导部门与中标管理团队签订协议；
（7）学生创业实体正式开业，创业公司成立。

拓展实践

以小组为单位,进行创业项目组建流程实战演练:

选择一个创业项目,在创业指导教师指导下,写出一份较为简单的创业计划书或者创业方案,并进行模拟创业申报、创业方案答辩,争取成为所在学校正式的创业项目。

话题二　校外创业实践

一、创业实践演练

(一)　筹集创业资金

决定创业、自己当老板,必须要有一定的资金。在构思创业规划和设想的时候,一般都会考虑到创业资金的来源。资金是创业的物质基础,是创业成功的必要保证,也是决定创业规模的重要因素。这就要求创业者在进行创业前筹集到一定数量的资金。筹集创业资金的方法一般有储蓄自备和借贷两种。

1. 储蓄自备

我们在创业起步阶段一般都是小本经营,可以利用自己或家庭的储蓄作为创业资金开始起步。在创业起步阶段,储蓄是一种比较好的筹集资金的方法。

2. 借贷

完全依靠自己的积蓄进行创业经营活动可能是很困难的。通过借贷从事创业经营活动是当今时代很多人常用的一种方法,也是必要的手段,很多地区、很多企业、很多个人都是靠借贷走上发展之路的。

借贷就是利用银行的钱办自己的事,利用明天的钱办今天的事,借用别人的钱创办自己的事,借钱来增加自己的资本,这是勤劳致富、成就一番大业的重要方法。

借钱的好处是使自己有足够的创业资本,能够有条件开创比较理想的事业。然而,借贷有利也有弊,如果借贷数量比较大,创业不成功或创业收益不理想,将来连本带利归还风险比较大。因此,借贷前要充分论证,充分考虑风险因素。借贷数额一般占投资总额的百分比率最好不超过五成。在通常情况下,借贷有两种方式:

(1)向亲友借贷

在创业起步阶段,必须有一定数量的资金,青年学生一般自由创业资金都比较少,要想成就一番事业,可以向父母、兄弟姐妹、亲友借贷筹集资金。

(2)向银行借贷

向银行借贷已经被越来越多的创业者接受。可以说每个成功的创业者都先后得到过银行的支持。

3. 风险投资

将自己的创业方案,或者是小发明、小创造的实用技术专利提供给风险投资公司或投资者,如果得到他们的认可,就可以得到他们的资助。风险投资的主要对象是那些处于启动期或发展初期却快速成长的小型企业,并主要着眼于那些具有发展潜力的高科技产业。当然,目前中国的风险投资公司的发展还处在初始阶段,但必然有很好的前景。

家族式创业

各地众多的个体经营者、私营企业和民营企业造就了大批的民营企业家、私营或个体业主,有不少职校生的家长或亲朋戚友就是其中的佼佼者。这些企业既为职校生提供了可靠的校外实习和实践场所,又为职校毕业生就业、创业提供了条件。有的学生毕业后将直接进入这些企业,或成为其家长或亲朋戚友的业主的助手,有的甚至会子(女)承父(母)业。这种创业方式,一方面锻炼了自己的创业能力,积累了经营经验,一方面又可以避免因创业经验不足而导致创业失败的风险。同时,也可以从中体验就业、创业的滋味,为日后进一步创业作准备。

对于有可能实现家族式创业的学生,学校在经过充分调查研究的基础上,可以指导学生在实践中总结、领悟其创业成功的经验,从中体会创业(经营)技巧,实现学中做和做中学的统一。

(二)选择营业店址

选好地址助成功

职业学校毕业生小何现在已是扬州市一家中型商场的老板。当初,他在创办商场时人们都疑惑不解。1995年,其商场所在街道十分萧条,而小何的商场是所在地区的第一家。气势宏伟的商场,门庭冷落的局面,让人们为他捏了把汗。但小何却胸有成竹,因为小何在职业学校已经养成了读书看报、关注国内外大事的习惯,能够在较高的层次上思考问题。

他认为,商场所在地区改革开放速度迅猛,省、市领导频频来此视察。作为经济技术开发区,该地区的发展肯定会带动周围经济的发展。果然,两年后,开发区的建设又进入新的一轮高潮,而他的商场已处在中心地段,前景非常乐观。

启示

小何的创业成功得益于他善于捕捉信息,用发展的眼光正确选择了店址。

知识点

创业者立志创业以后,在确定创业目标、拟定创业方案、筹划创业资金等各项工作的同时,还要考虑创业的店址问题。对于任何企业,其所处的地理位置在很大程度上将决定所创企业能否成功,特别是所创企业从事零售业或服务业时,店址更可能成为企业能否成功的关键。因此,学生毕业以后从事创业一定要慎重地选择创业的店址。

店址的选择与企业类型有关。开办工厂要考虑生产必须的供水、供电、供气、通讯以及道路交通等问题。开办第三产业要考虑方便顾客,着重考虑客流量、进出口、供送货途径、停车场等情况。无论办工厂还是第三产业,都要考虑城市规划,不要在近期可能要拆迁的地段开办工厂或第三产业,要用发展的眼光考虑、分析问题。

选择店址要考虑以下问题:需要的空间面积;是租赁还是购买,租赁或购买的成本;地理位置是否合适;有无扩容或发展的空间;该地区有什么经济特点;该地区或建筑物有无法律问题,如租约或特殊许可等。

(三)办理法定手续

1. 领取营业执照

领取营业执照是创业必须的重要步骤。企业只有进行登记注册,领取了营业执照才能取得合法资格,得到国家法律、法规的保护,才能享受国家的各项优惠政策,行使企业的合法权利和应该承担的义务,才能合法经营、不断发展壮大。领取营业执照一般要经过以下程序:

(1)申请开办核准;

(2)申请开业登记;

(3)领取营业执照。

2. 进行银行开户

企业在获得了营业执照后,应当选择当地一家银行或信用社开户。银行开户是指企业和经营单位等在银行、信用社开立的收支款项的户头。私营企业在银行开立账户后,可以直接收取支票或汇票,把应收款存入银行,这样既保证了款项的安全,还可以按规定获得利息,增加收入。在购买大宗商品时,可以直接签发支票,而不必支付大量现金,减少很多麻烦。在银行或信用社开户的私营企业,在资金周转困难时,可以更方便地向开户银行或信用社提出贷款申请,取得贷款。

3. 进行税务登记

领取了营业执照、进行了银行开户以后,还必须进行税务登记才能进行正常的经营活动。税务登记是纳税人履行纳税义务,向税务机关办理的必要的法律手续,是纳税人的一项基本法定义务,是纳税机关根据税法的有关规定对纳税单位和个人的生产经营活动进行登记管理的一

155

项基本制度。

（四）择日开业

创业者在确定了创业目标、编制了创业方案、确定了店址、筹集了创业资金、办理了法定手续以后，就要考虑购买生产或经营设备、装修厂房（店堂）、招聘员工等问题。在做好以上各项准备工作后，就可以择日开业了。选择开业时期，一般要考虑有关部门人员能否有时间参加，天气是否好。如开店要考虑是否在节假日等因素。

拓展实践

把班级分成 3~4 组，每组 10~15 人，进行创业及企业注册实战演练：

1. 小组开会讨论，确定分工，一部分人为企业成员，另一部分人担任企业注册时的相关部门工作人员。
2. 通过网络、图书、亲友咨询等途径，选择一个创业项目，写出一份较为简单的创业计划书或者创业方案。
3. 利用课堂进行展示，同时现场模拟企业注册流程。
4. 评选出"优秀创业小组""创业之星""最佳企业"等并加以鼓励。

二、采购销售实践

（一）掌握购销知识

采购是指企业在一定的条件下从供应市场获取产品或服务作为企业资源，以保证企业生产及经营活动正常开展的一项企业经营活动。采购实践可分为战略采购和日常采购两部分。

案例

沃尔玛的秘密

在 2002 年 2 月 1 日之前，沃尔玛并没有自己从海外直接采购商品，所有海外商品都由代理商代为采购。沃尔玛要求刚刚加盟的沃尔玛全球副总裁兼全球采购办公室总裁崔仁辅利用半年时间做好准备，在 2 月 1 日这一天接过支撑 2000 亿美元营业额的全球采购业务。结果，他不但在紧张的时间里在全世界成立 20 多个负责采购的分公司，如期完成了全世界同步作业的任务，而且使全球采购业务在一年之后增长了 20%，超过了整个沃尔玛营业额 12% 的增长率。

启示

在沃尔玛,全球采购是指某个国家的沃尔玛店铺通过全球采购网络从其他国家的供应商进口商品,而从该国供应商进货则由该国沃尔玛公司的采购部门负责。

在沃尔玛的全球采购流程中,其全球采购网络就像是一个独立的公司,在沃尔玛的全球店铺买家和全球供应商之间架起买卖之间的桥梁。

在全球采购中,全球采购网络不仅要服务好国外的买家,还要在供应商的选择和建立伙伴关系上投入。"不管是哪个国家的厂商,我们挑选供应商的标准都是一样的。"崔仁辅介绍说,第一个标准是物美价廉,产品价格要有竞争力,质量要好,要能够准时交货。第二个标准是供应商要遵纪守法。"沃尔玛非常重视社会责任,所以我们希望供应商能够像我们一样守法,我们要确定他们按照法律的要求向工人提供加班费、福利等应有的保障。"

(二)优化购销途径

采购是采购人员根据确定的供应协议和条款,以及企业的物料需求时间计划,以采购订单的形式向供应方发出需求信息,并安排和跟踪整个物流过程,确保物料按时到达企业,以支持企业的正常运营的过程。企业为了更好的发展,必须不断改进自身的采购机制,优化购销的渠道,通常方法如下:

1. 小规模采购

由于采购批量较小,采购方往往要付出比通常高很多的价格购买所需的产品,从而在竞争中处于不利的地位,因此尽可能要寻找固定的合作伙伴。

2. 集中采购

在某些情况下,采购方可以把零散的需求集中起来统一进行采购。采购人员可将原材料清单进行整合,按照共享件与独用件分类。在需求可以预见的情况下进行集中采购。这里有两层含义:一是集中需求量。将不同产品共享原材料在一定时间内的需求量进行整合,力求达到供货商的最小批量要求。二是集中向某个供货商采购。这种方案更适用于标准品的采购或面向产品较齐全的分销商采购。

3. 电子采购

从国内企业接触电子采购到应用也就不到十年的时间。经过这几年的概念认知、应用尝试和采购业务的全面应用,电子采购的应用形式在不断变化,也反映了企业在电子采购需求方面的变化。电子采购从单纯的采购软件工具和采购信息的发布向融合的方向发展。最终对于企业采购部门来说,一方面通过电子采购系统完成采购业务活动,另一方面不断开发新的优质供应商。

(三)购销训练实践

采购计划书的主要内容举例:

1. 项目概述（如：招标采购牛奶供应商）

美好的一天是从早餐开始的，所以早餐对于我们来说很重要。早餐少不了牛奶，这是东西方都认同的。所以早餐牛奶的供应商是由各大超市来共同完成。中百仓储，作为中国超市的龙头企业更应为能给中国人有个良好的身体作出贡献。

某部属于中百仓储旗下的一处分公司，为了充分满足该部所覆盖区消费者的牛奶供应需求，公司决定面向市场招标采购牛奶供应商。

2. 采购流程

（1）采购工作组的人员设立

本次采购工作组的人员有：

采购部经理 1 名、采购技术总管 4 名、采购人员 12 名、市场调查人员 50 名。（注：经理负责采购组人员的调配和管理；技术总管分别负责采购中的招标、谈判、质量检验和市场调查的信息整合；采购人员要配合技术总管的要求完成采购中的具体操作；市场调查人员负责市场的调查，及时反馈消费者的需求信息，为采购做好准备工作。）

（2）制订采购计划

根据市场调查组的信息，本超市所覆盖区域的消费者早餐牛奶供应需求真空数量预计是每天 8000 箱 250mL 的早餐牛奶供应。早餐牛奶的正常保鲜期是 30 天左右。

根据以上信息制订采购计划：

预计采购数量是每 7 天 55000 箱牛奶（品牌待定）；

时限是每周日下午 14:00—16:30 前到货，选择长期稳定诚心的供应商；

费用每期预算是 220 万元，预付款待定。

（3）邀请招标

为了缩短投标的有效期，降低投标的风险和投标价格，本次招标采用邀请招标。

本次邀请招标的单位有：伊利乳业、娃哈哈乳制品有限公司、蒙牛乳业、太子奶实业、光明乳业、南山乳业。

（4）确定供应商

根据市场的需求和招标企业的近一步商讨，由于伊利、蒙牛、光明乳业的市场信誉和顾客需求量最为合适，所以供应商确定为伊利乳业、蒙牛乳业、光明乳业。

（5）采购谈判

① 供应商的详细资料；

② 谈判内容：产品质量、产品包装、产品价格。

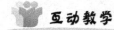

家庭的日常消费也可以看做是一种特殊的采购过程。结合自己家庭的消费，分组探讨家庭购买的特点。

拓展实践

现学校要购买一批课桌椅,请你拟写一份采购计划书。

三、员工管理实践

 案例1

一个特殊而温馨的团队

在重庆工商大学,有五个勤工俭学书报亭。这几个报刊亭可不简单,从老板到员工群都是在校的贫困生,管理模式完全"企业化",经营也走"连锁化"道路。

从2003年至今,勤工俭学书报亭不断壮大,由最初的1个发展到现在的5个。如今,5个报刊亭的净资产70多万。在这个成功创业模式背后,有一套属于他们的"生意经"。

1. 一个特殊而温馨的团队

书报亭的诞生,源于一个令人辛酸的故事:2003年,一名来自贫困山区的同学,到批发市场购进小商品在寝室推销,却因违反校规被制止。随后校学生处在调查时,发现还有不少这样的贫困生,都在为生活费发愁。该校在多方讨论研究下,决定由学校投入1.5万元和一个6平方米的店面,成立一个由贫困大学生自主管理、自主经营、自负盈亏的勤工俭学书报亭。

书报亭诞生了,加入的学生因为有着共同的贫苦经历,大家都比较珍惜这个机会,工作均勤勤恳恳。第七届主管周楷轩介绍:"营造温馨的团体氛围,是我们的企业文化。"7年来,这些书报亭累计为730多名家庭经济困难的学生提供过勤工助学岗位,所发放的学生勤工助学劳动报酬超过65万元。

2. 一套完整的企业管理模式

"书报亭的成功,源于有一套比较成功的管理模式。"连任第五届和第六届主管的杜仲智说。

书报亭成立的第二年就有了自己的管理条例。这些年来,管理条例在不断完善,分工也越来越细,赏罚分明,如每月要评"优秀营业员""优秀管理员",奖金30元;对迟到、旷工等处罚也极为严格。

降低成本是书报亭特别重视的。该书报亭严格规定,所有的销售助理,进货渠道必须跟所负责商品的总公司负责人或者重庆片区经销商直接联系,以此拿到最低的批发价格。

违规者,不仅拿不到工资,还要受到相应惩罚。"这一方面降低成本,另一方面也是为了锻炼员工跟企业高层谈判的能力。"周楷轩称。

每年的人才招聘,书报亭也严格执行企业用人模式。任何进入书报亭的员工都经过笔试、面试、培训和实习的阶段。为期一个月的实习期,不合格者将会被淘汰。同时,每年都换届选举,所有员工都有机会竞选。

 案例2

《管理的实践》

《管理的实践》一书以管理的本质切入——就管理者的角色、职务、功能的认知及其未来面临的挑战,有着精辟独到的见解,掀开了管理的奥秘与实务。它提供了观念、原则和工具,是一套极具系统化的管理知识。并以"管理企业、管理管理者、管理员工和工作"三项管理的任务贯穿整本书的主轴和精髓。

第一部分,德鲁克先以一个企业的实例点出了:我们的事业是什么,我们的事业将是什么,我们的事业究竟应该是什么,以及企业的目标、成果与生产的原则。

第二部分,德鲁克以福特汽车的故事,阐述了"目标管理与自我控制"的有效性管理,同时也呈现出组织精神(即企业文化)的完整性。

第三部分,透过活动、决策与关系等三项分析,深入管理的结构、最终的检验标准及绩效,同时也说明了五种组织结构之优、缺点,与适用的大、中、小型企业及其限制条件。

第四部分,德鲁克以其"绩效为核心的整体观"主张雇佣整个人而不是一双手,以IBM的故事,描述了创新的实践价值使员工有成就感与满足感,进而创造巅峰绩效的组织。

第五部分,德鲁克描述了管理者及其工作、决策及未来的管理者是什么,尤其一再主张"责任"的重要性与必要性。

本书是第一部以全新观点的角度看待管理,也是第一部以实际执行层面立论的管理学书籍。本书是现代管理学的奠基之作,畅销半个世纪,影响了全世界无数的经理人和管理学者,至今仍为必读经典。

"本书让你能跳出企业,站在创造市场需求的外部来审视和解决企业内部存在的问题,进行整体的系统的而不是局部的孤立的管理,从而在驾驭企业从小到大的发展阶段中能够从成长走向成功。《管理的实践》指导你在实践中学会管理,并在成功的管理实践中得到升华。"——海尔集团首席执行官张瑞敏

"现代管理学的大厦就建立在这本书所提出的一系列思想的基础上。时下大部分流

行的管理思想和管理实践都可以从这本书中找到根源,包括:目标管理、参与管理、知识员工管理、客户导向营销、业绩考核、职业生涯管理,事业部制分权管理,企业文化、自我管理团队,甚至最近非常流行的平衡计分卡都可以在这本书中找到根源。"——南京大学商学院院长赵曙明

"全世界的管理者都应该感谢这个人,因为他贡献了毕生的精力来理清我们社会中人的角色和组织机构的角色,我认为彼得·德鲁克比任何其他人都更有效地做到了这一点。"——通用电气前首席执行官杰克·韦尔奇

"在所有的管理学书籍中,德鲁克的著作对我影响最深。"——微软总裁比尔·盖茨

"德鲁克是我心中的英雄。他的著作和思想非常清晰,在那些狂热追求时髦思想的人群中独树一帜。"——英特尔主席安迪·格鲁夫

"如果说20世纪最伟大的发明是管理的话,那么彼得·德鲁克无疑是最伟大的发明家。"——美国管理协会

启示

我们很难进行员工管理的说教。只有亲身参与和体验员工管理实践,才能发现管理的问题,掌握管理的方法,探究管理的奥秘。当然,我们也需要学习管理的知识,借鉴前人的经验,才能少走员工管理的弯路。

课程总结

一、总结意义

本课程的学习意义不仅在于汲取知识、提高技能，更在于解放思想、更新理念、开拓视野。课程的教学过程和结果会让我们亲身体会到"三创"教育与实践的重要性。

学习本课程，需要我们静下心来，认真反思，相互交流，感悟提升。总结需要解放思想、实事求是、与时俱进，需要我们回顾所跨出的第一步、收获的第一个，有自己的，也有他人的。

本课程的学习已经告一段落，但我们的"三创"教育与实践才刚刚开始，不能因此而终止。无论是接下来的校园学习，还是将来的岗位工作和生活实践，我们每个人都应该牢牢记住"三创"，继续学习"三创"，自觉践行"三创"。

二、指导思想

课程总结提倡激励作用，不搞"甄别选拔"。总结应该具有反馈调节、展示激励、反思总结、记录成长、积极导向的功能，强调总结的教育性和对学生发展、成功的促进作用，体现满足社会发展需要与学生发展需要的辩证统一。

总结的过程是让学生看到自己在原有水平上进步、体验学习成功的乐趣、增强学习的自信心、明确促进自身发展的改进要点、明确自己进步的目标的过程。

在总结的过程中，要尊重学生发展的差异性和独特性，注重对课程教学全过程的评价，通过师生之间的互动，进行多方面的总结交流，倡导师生平等、教学民主、教学相长，倡导关爱、理解、尊重每一位学生。

在总结的内容方面，当然需要展示学生亲身经历的作品和所取得的成绩，更要发现和发展学生的多元智能和多方面潜能，同时要关注学生在学习兴趣、学习态度、学习能力、学习习惯和个性情感、价值观、创新精神、实践能力等方面的发展情况，并提出今后的希望和要求。

三、基本方法

课程总结可以用召开会议的形式进行交流、总结和颁奖,学生可循环致谢。同时向学生发放调查问卷,进一步了解和掌握学生情况,及时反馈教学意见和建议。

1. 以情动人,用心交流

学生的学习效果往往与其精神面貌有很大关系。因此,应该对学生的参与意识、合作精神、操作技能、探究能力以及交流表达能力进行总结,多用肯定和鼓励的方式。

2. 因人而异,尊重差异

美国哈佛大学心理学家加德纳提出的多元智能理论认为:"智力不是一种而是一组。在智力中,个人优点不同,人没有智力高低与好坏之分,只有智力的特点不同。"这一理论告诉我们,每一个学生都处在相应的同一智力水平线上,不同的只是他们的智力特点。因此,总结应该以人为本,进行个性化教育。

3. 气氛民主,评价多元

俗话说:"当局者迷,旁观者清。"教师始终是成年人,思维方式与同学们不尽相同。别人的意见,常常正是自己疏忽的。总结要以教师为主导,鼓励学生自我总结,让学生自己肯定优点和进步,克服弱点与不足。同学们互相提出的建议、作出的评价,既为他人提供了参考和借鉴,也加深了对别人的理解和学习,更能提高学生的口头表达能力。对教师而言,往往会耳目一新,茅塞顿开,受益匪浅。

 互动教学

1. 以小组为单位,拿出你学期初制定的创优规划,看一看你实现多少,还有哪些差距?
2. 罗列一下本学期你所获得的各类奖项。
3. 说说你在思想和行动上的主要收获是什么?

四、评价建议

学生的学业成绩主要由平时上课教师评分和"三创"活动所获成绩组成,如学生无旷课、上课纪律较好,可得基本分 60 分(或合格)。在此基础上,可根据学生上课表现和一学期内在"三创"方面取得的成绩进行相应的加分。

(一)教师对学生的评价

教师应注重教学过程的评价和学生的个体差异性,促进每个学生的健康发展。同时,也应发挥学生自我评价和同学互评的功能,相互结合,有机融合,达到更好的评价效果。

附:课堂学习情况评价(参考)

学 号	姓 名	课堂表现(60分) 课堂纪律 学习态度 专心听课 小组合作 师生互动	加分项 回答问题 创新思维 代表发言 课堂活动	总 分

说明:

此表前面的姓名为全班学生的名单,教师可根据自己的需要在课堂使用,进行加、减分。要求老师在学期结束前汇总加分,给出平时成绩。

(二)评价结果

1. 对学生"三创"学习效果的评价应更多地体现在实践效果上,可让学生根据一学期参加各类活动的成绩计算自己的"三创"加分。

2. 同一项目不累计积分,取该项目的最高得分。

3. 最高分为100分,如超过则以100分计算。

附:学生"三创"加分标准(仅供参考)

"三创"项目	项目成绩		加分分值
创优 (评优荣誉)	省、市、区(县)、学校"三创"优秀学生、学生干部等荣誉称号		25~10分
	学校"职教之星"		每项8分
	其他评优荣誉		酌情加分
创优 (除了创新、技能以外的比赛)	校级比赛	一~三等奖	8~4分
	区级比赛	一~三等奖	12~8分
	市级比赛	一~三等奖	20~12分
	省级比赛	一~三等奖	25~15分
	全国比赛	一~三等奖	35~30分
创新 (创造发明、技能竞赛)	校级比赛	一~三等奖	8~4分
	区级比赛	一~三等奖	12~8分
	市级比赛	一~三等奖	20~12分
	省级比赛	一~三等奖	25~15分
	全国比赛	一~三等奖	35~30分
	申请专利、产品入市		25~40分
创业	制定创业方案		5~10分
	参与创业实践		10~25分

附录一

省教育厅、团省委关于评选2011年职业学校省级"三创"优秀学生、优秀学生干部和先进班集体的通知

苏教职(2011)6号

各市教育局、团市委：

为贯彻落实国家、省中长期教育改革和发展规划纲要，切实加强和改进职业学校德育工作，培养具有高尚职业道德和创优、创新、创业（以下简称"三创"）精神的高素质劳动者，省教育厅和团省委每年评选表彰一批职业学校省级"三创"优秀学生、优秀学生干部、先进班集体。现将2011年有关评选事项通知如下：

一、评选对象

全省独立设置的中等职业学校（含普通中专、职业中专、职业高中、技工学校、成人中专）和高等职业技术学校的在籍学生和班级集体。

二、评选标准

（一）省级"三创"优秀学生

1. 创优。品质优秀：热爱祖国,热爱人民；遵纪守法,诚实守信；关心集体,团结同学；具有良好的公民道德和高尚的职业道德意识。成绩优良：熟练掌握本专业的知识和技能,积极参与社会实践活动且成绩良好。身心健康：积极参加各项体育运动和文体活动,具有健康的身体和良好的心理素质。

2. 创新。富有主人翁精神和社会责任感,具有牢固的专业思想和较强的创新意识,勤学敏思,在社会实践活动和各类技能竞赛、创新活动中表现突出。

3. 创业。富有开拓精神,勇于探索实践,有较强的创业意识,自觉学习和了解创业知识,积极参与学校组织的各类创业实践活动,或有自身创业经历,表现突出。

(二)省级优秀学生干部

1. 综合素质好。思想政治过硬,没有违纪行为;学习刻苦努力,成绩良好以上;身心健康,积极进取向上。

2. 担任班级、团支部、校学生会等干部,工作认真负责,积极发挥模范带头作用,主动性、创造性强,表现突出。

3. 受到老师同学的普遍好评,被评为县(市、区)级以上优秀学生干部。

(三)省级先进班集体

1. 有坚定正确的政治方向,爱党爱国,遵守社会公德,在班主任指导下,制订切实可行的集体奋斗目标和工作计划。班级活动内容丰富,形式多样,每个学生都在班级中发挥自己的积极作用。

2. 注重班集体建设,班级凝聚力强,形成催人奋进的集体氛围。干部独立开展工作,起到表率和核心作用;学生讲文明,有礼貌,守纪律;同学间团结友爱,互帮互助,共同提高,全班同学有较强的集体荣誉感和自治自律的能力。

3. 班级常规管理有特色、有成效,班容班貌健康向上,保持良好的卫生环境,建设特色鲜明的班级文化,积极参与校风建设和争做文明先锋,在校内、市内有一定知名度。学生无违法、重大违纪事件和安全事故。

4. 学生学习目的明确,学风端正,学习积极性高,成绩位居年级前列。学生专业思想稳定,热爱本专业学习,在各级各类大赛中取得佳绩。学生积极参加文体活动、社会公益活动、青年志愿者活动和各类社会实践活动,取得显著成效。

5. 班级曾获得过县(市、区)级及以上先进集体称号。

三、推荐程序

学校按照上级分配的名额,经师生推荐或学生自荐、系(部)评议、校德育工作领导小组审核、全校张榜公示(1周以上)的程序确定名单,并逐级上报市级教育行政部门。

学校上报正式推荐名单的同时,需附下列材料:

1. 张榜公示的起止时间、地点位置、公示方式、小样及收集的有关意见,书面记录原件。
2. 校德育工作领导小组会议记录、校长签字的复印件。
3. 被班级推荐的所有学生的推荐表(需经校长签字)。

上述材料由各市教育局留存。

四、名额分配

评选名额按各地职业学校在校生数和毕业生数的一定比例以及其他有关职业教育因素下达(见附件1)。各地要在严格评选标准的前提下,兼顾到不同区域、不同类型的学校。各类学校的分配名额不得互转。各市推荐上报的人员一律不得突破省分配名额。

五、有关要求

各市教育局填报推荐名单登记表一式二份,加盖市教育局和团市委公章,于3月25日前报省教育厅职业教育处,同时提供推荐名单的电子稿,发送到 zhangy@ec.js.edu.cn。联系人:张赟,电话:025-83335676。

各市教育局和各职业学校要高度重视此项评选工作,严格把关,对不按规定程序和要求办理推荐手续的,一经发现即取消其荣誉称号,并追究有关人员的责任。

二〇一一年二月二十五日

附录二

教育部办公厅、中央文明办秘书组、共青团中央办公厅、中华职业教育社关于组织开展第七届全国中等职业学校"文明风采"竞赛活动的通知

苏职成厅函(2010)11号

各省、自治区、直辖市教育厅(教委)、文明办、团委、中华职业教育社,各计划单列市教育局、文明办、团委、中华职业教育社,新疆生产建设兵团教育局、文明办、团委,各有关单位:

为贯彻落实全国中等职业学校德育工作会议精神,切实加强和改进中等职业学校学生思想道德教育,充分展示中职学生文明风采,提高中职学生综合素质,促进中职学生全面发展,经研究,举办第七届全国中等职业学校"文明风采"竞赛活动。现将有关事项通知如下:

一、组织领导

主办单位:教育部、中央文明办、共青团中央、中华职业教育社

承办单位:教育部职业教育与成人教育司、中央文明办未成年组、共青团中央学校部、中国职业技术教育学会德育工作委员会

协办单位:高等教育出版社、人民教育出版社、北京师范大学出版集团、浙江亚龙科技集团有限公司、浙江天煌科技实业有限公司

组织委员会:

主　任:教育部副部长　鲁　昕

副主任:教育部职业教育与成人教育司司长　葛道凯

　　　　共青团中央学校部部长　李小豹

　　　　中华职业教育社总干事　陈广庆

　　　　教育部职业教育与成人教育司副司长　王继平

委　员:中国青年报社副社长　谢　湘

中国职业技术教育学会副会长　余祖光
高等教育出版社副总编辑　王军伟
人民教育出版社副社长　尹鸿祝
中国教育报刊社副总编辑　翟　博
北京师范大学出版集团党委书记　张其友
浙江亚龙科技集团有限公司董事长　陈继权
浙江天煌科技实业有限公司董事长　黄华圣
教育部职业教育与成人教育司德育处处长　刘宝民
中央文明办未成年组副处长　李卫强
共青团中央学校部中学中专处处长　石新明
《中国德育》杂志副主编　邓友超
《中国职业技术教育》杂志主编　赵　伟

二、竞赛内容

本届竞赛包括五类共十项比赛：

（一）征文类比赛（4项）

项目："中华民族共命运、心连心"征文比赛；"创业之星"征文比赛；"资助政策助我成才"征文比赛；"我身边的诚信"征文比赛。

（二）设计类比赛（1项）

项目："职业生涯规划"设计比赛。

（三）摄影类比赛（1项）

项目："职业和生活中的美"摄影比赛。

（四）FLASH动漫类比赛（2项）

项目："荣与辱"动漫比赛；"生命·安全·和谐"动漫比赛。

（五）展示类比赛（2项）

项目："心绣未来"演讲比赛；"职业礼仪"表演比赛。

三、参赛形式

本届竞赛继续采用学校初赛、省级复赛、全国决赛的三级选拔形式进行。各地由省级教育行政部门牵头，文明办、团委、中华职业教育社积极配合组建省级中等职业学校"文明风采"复赛组织委员会（省级复赛组委会相关联系方式另行公布）和评选委员会。经参赛学校初赛选拔出来的作品参加省级复赛，经省级复赛组委会组织复赛后，推荐优秀作品参加全国决赛。

全国中等职业学校"文明风采"竞赛组委会组织相关专家，对参加全国决赛作品进行评比。教育部、中央文明办、共青团中央、中华职业教育社联合举行颁奖活动，为决赛获得优异成绩的学生、指导教师及学校代表颁奖，表彰工作卓有成效的省级复赛组委会。

四、相关要求

各地有关部门要将组织竞赛活动，作为贯彻落实教育部等六部门《关于加强和改进中等职业学校学生思想道德教育的意见》的一项有力措施，充分重视此项工作，切实加强领导，及时转发并在所属网站上公布本通知，以多种形式组织、发动、支持学校积极参加此项赛事。要在复赛组织发动、数据统计、作品评选和报送等环节把好关，并做好总结。

各参赛学校要按照育人为本、德育为先的要求，发挥德育课主渠道作用，在文化课、专业课中渗透德育，把"文明风采"竞赛与共青团主题活动、精神文明建设、和谐校园建设有机结合，组织多种形式的德育实践活动，选拔推荐作品、建好竞赛数据库，积极参加省级竞赛。

全国中等职业学校"文明风采"竞赛组织委员会办公室地址：
北京市西城区德外大街4号，邮编100120。
联系人：富祥武，联系电话：010—58582235
　　　　杜爱玲，联系电话：010—65826667；13051301943
传　真：010-66020434
电子信箱：da6688@sohu.com
学校初赛、省级复赛、全国决赛参赛办法和各项竞赛具体要求见附件。

二〇一〇年四月九日

附件：

第七届全国中等职业学校"文明风采"竞赛方案

一、参赛资格

2010年各类中等职业学校在校生（高职附属的中专部学生参赛，应在校名后注明中专部；五年制高职学生参赛，应注明年级）。参赛作品必须原创，一旦发现抄袭，取消参赛资格。参赛人资格和参赛作品由学校负责审查。

参赛作品一律不退稿，请备份，保留底稿、电子稿（评奖后征集部分获奖作品的电子稿在有关媒体发表）。参加全国决赛的作品处理权，归全国中等职业学校"文明风采"竞赛组委会。参赛作品有关肖像权、名誉权、隐私权、著作权、商标权等纠纷而产生的法律责任，由参赛者自行解决。

二、初赛、复赛、决赛具体要求

（一）校级初赛

1. 宣传发动，开展配合"文明风采"竞赛主题的多种形式德育实践活动。落实"重在参与"和"重结果、更重过程"的德育实践活动要求，通过"人人参与、班班比赛、学校选拔"的形式，采取能增强学生、教师参加竞赛积极性的具体措施，提高"文明风采"竞赛活动的参与普及率和广泛性。

以参加竞赛为载体，调动班主任和德育课、文化课、专业课教师的积极性，建立相关处室和学校共青团组织的协调机制，围绕竞赛主题开展丰富多彩的德育实践活动，把竞赛主题渗透于教育、教学和校园文化建设之中，形成富有职教特色的德育整体合力和生动活泼的德育氛围。

2. 建立数据库。学校应根据本校参加省级竞赛的项目，按要求分别建立数据库（数据库模板可在有关网站下载），最多10个。对于建立数据库有困难的中等职业学校，复赛组委会应给予具体指导和帮助。

3. 报送参加省级复赛的作品、数据库和参赛工作总结。参赛学校于6月30日前，向省级复赛组委会报送参赛作品、数据库和参赛工作总结。无数据库，以弃权论。

为便于复赛、决赛评委会多轮评审，征文类、设计类参赛作品只收纸质文本，照片必须洗印，FLASH动漫类、展示类按参赛项目分别刻光盘。征文类、设计类的每件作品在首页前粘贴或钉装附表1，摄影类贴于照片后，FLASH动漫类、展示类附纸质表装在光盘袋中，并在光盘上用记号笔写清校名、参赛项目和参赛作品数量，切勿直接粘贴纸片。

参赛作品按项目分别封装，袋外封面贴附表2后，再把每项已装好袋的作品，集中封装在一个大袋里快递或送交复赛组委会。

数据库和用学校名重命名后的学校参赛工作总结，以WORD文稿形式发至省级复赛组委会指定电子邮箱。参赛工作总结应有组织过程、围绕竞赛开展的活动、参加初赛作品的数量、德育效果、师生反映、经验体会等内容。

4. 做好表彰和经验交流。参赛学校应在适当时机，组织表彰参赛学生、指导教师和竞赛组织工作者的活动。通过激励机制,进一步调动师生参加德育实践活动的积极性,提高德育实效。

(二)省级复赛

1. 组建复赛组委会,做好宣传发动工作。省级复赛组委会要对本地区中等职业学校开展"文明风采"竞赛活动做好宣传动员,扩大活动覆盖面、参与率,提高活动的吸引力。

2. 参赛作品编号,建立复赛数据库。

(1)参赛作品编号。复赛组委会在收到参赛作品后,为每一件参赛作品编号,并标于装订在作品首页的附表1右上角栏目中。为参赛作品编号是参加省级复赛、评选统计和参加全国决赛、评选统计、印制证书的基础性工作。

作品编号由字母代码和数字代码组成。字母代码由省名代码和项目代码组成。省名代码是省(或加省会名)拼音大写前两或三个字头,项目代码全国统一。数字代码是本省为各项目参赛作品编定的阿拉伯数字号码,同一比赛项目的作品数字代码不得重复。

省名代码如下:安徽 AH、北京 BJ、重庆 CQ、福建 FJ、甘肃 GS、广东 GD、广西 GX、贵州 GZ、海南 HNH、河北 HBS、河南 HNZ、黑龙江 HLJ、湖北 HBW、湖南 HNC、吉林 JL、江苏 JS、江西 JX、辽宁 LN、内蒙 NM、宁夏 NX、青海 QH、山东 SD、山西 SXT、陕西 SXX、上海 SH、四川 SC、天津 TJ、西藏 XZ、新疆 XJ、云南 YN、浙江 ZJ、大连 DL、宁波 NB、青岛 QD、深圳 SZ、厦门 XM、兵团 BT。

项目代码如下:"中华民族共命运、心连心"征文比赛 A;"创业之星"征文比赛 B;"资助政策助我成才"征文比赛 C;"我身边的诚信"征文比赛 D;"职业生涯规划"设计比赛 E;"职业和生活中的美"摄影比赛 F;"荣与辱"动漫比赛 G;"生命?安全?和谐"动漫比赛 H;"心绣未来"演讲比赛 I;"职业礼仪"表演比赛 J。

字母代码共 3~4 个字母,数字代码没有限制。例如,黑龙江省 10 个项目编码的字母代码分别为 HLJA、HLJB、HLJC、HLJD、HLJE、HLJF、HLJG、HLJH、HLJI、HLJJ。每件作品的编号为字母代码后面加阿拉伯数字代码,如 HLJA23 代表黑龙江省"中华民族共命运、心连心"征文的 23 号作品。

(2)建立复赛数据库。省级复赛组委会按项目,把参赛学校数据库整合,建立 10 个复赛数据库。数据库文件名以字母代码命名。复赛数据库既用于复赛,也是决赛数据库的基础,各地需认真做好此项工作。

(3)在数据库内填写作品编号。省级复赛组委会负责在省级复赛数据库内,输入每一作品编号。

3. 组织复赛评委会,分项目评选。评委会可由教研员、一线干部和教师、相关专家组成,分别进行初评、终评。评选标准由复赛评委会参照全国中等职业学校"文明风采"主题和各比赛项目的目的、要求执行,获奖比例由省级复赛组委会根据参赛作品的质量自定。

评选后,各地将评选结果按比赛项目填入 10 个项目的复赛数据库。未获奖填 0,一等奖填 1,二等奖填 2,三等奖填 3,优秀奖填 4,一律使用阿拉伯数字。

4. 报送决赛作品、复赛数据库(数据库必须有参加复赛全部作品的数据,即必须包括复赛没获奖作品的数据)和复赛、初赛工作总结。经复赛选拔,报送参加全国决赛的作品数量,根据各地参赛作品质量控制在 20% 左右。

参加决赛的作品按10个项目分别封装,每个封装袋上贴附表3,统一集中打包后,于8月10前,通过邮局用挂号包裹或快递至全国中等职业学校"文明风采"竞赛办公室(如用快递公司,请与组委会办公室联系具体投递地址)。

邮　　编:100020

地　　址:北京100020-58信箱,"文明风采"竞赛办公室。

联系人:杜爱玲

复赛数据库(含所有参加复赛的学校信息、作品信息)、复赛工作总结和各校参赛工作总结,由复赛组委会以压缩文件的形式,通过电子邮箱于8月10日前,报送全国中等职业学校"文明风采"竞赛办公室。

电子信箱:da6688@sohu.com

5. 做好表彰和经验交流。复赛组委会应在适当时机,表彰本地区参赛学生、指导教师、学校和竞赛组织工作者,交流通过德育实践活动加强德育工作的经验。表彰、交流形式,由各地根据实际情况自定。表彰会也可与下一届的"文明风采"竞赛动员会合并召开,以便参赛学校提前启动相关德育工作。

(三)全国决赛

全国决赛在学校初赛、省级复赛的基础上进行。

1. 作品征集截止时间:2010年8月10日。

2. 参赛费用。每件参加全国决赛的作品交参赛费20元,省级复赛组委会应把各类、各项的参赛费集中后,统一通过邮局汇款或银行划拨,汇款地址与邮寄作品地址一致,银行划拨开户银行和账号另行通知。

3. 竞赛奖项。

(1)学生奖:每项设一、二、三等奖和优秀奖。"职业礼仪"表演为集体项目,表演人数不限,按获奖等级发集体奖。其他比赛为个人项目,动漫类和创业之星的参赛作品可2~3人合作,其他个人项目每份参赛作品作者限1人。

(2)指导教师奖:一位教师指导多项多份学生作品获奖,颁发各单项获奖级别最高的证书。"职业礼仪"表演和动漫类每份参赛作品的指导教师限2名,其他类每份参赛作品的指导教师限1名。

(3)集体奖:分优秀组织奖和组织奖,表彰对象为参赛学校。集体奖由竞赛组委会依据学校参加省级复赛、全国决赛的作品质量、数量以及组织过程中取得的德育工作实效评选。

在完成决赛初评、复查、终审三步评选工作后,获奖证书发至各省级竞赛组委会。

以下网站刊登竞赛相关通知、数据库模板、获奖名单等:

中华人民共和国教育部网(http://www.moe.edu.cn-职业教育与成人教育司-德育与职业指导);

中国职业教育与成人教育网(http://www.cvae.edu.cn-重要通知);

中国职业技术教育网(http://www.chinazy.org-文明风采);

中等职业教育教学资源网(http://sv.hep.com.cn-文明风采);

职业技术教育网(http://www.cctve.com.cn/－文明风采);
搏卡拉新闻中心网(http://www.bokala.com－文明风采)。
三、竞赛内容及具体要求
第七届全国中等职业学校"文明风采"竞赛有五类共十个项目,具体要求如下:
(一)征文类(4项)
2000字左右,A4纸、4号字打印(不具备打印条件的可以手写),要根据项目要求自行命题。
1."中华民族共命运、心连心"征文比赛
(1)目的:引导中职生树立民族自尊心、自信心和自豪感,提高中职生对"巩固全国各族人民的大团结"的认识,坚持各民族共同团结奋斗、共同繁荣发展,用实际行动落实胡锦涛总书记"使我国各民族同呼吸、共命运、心连心的优良传统代代相传"的号召,弘扬中华民族优良传统文化,牢固树立民族团结意识。
(2)内容和要求:参赛作品体裁不限,内容应体现爱我中华,自觉维护、努力促进中华民族大团结,表达中职生对民族大团结的追求,坚信走中国特色社会主义道路对实现中华民族伟大复兴的重大作用。既可以结合重大事件,也可从身边的事例说起,表达自己对各民族和睦相处、和衷共济、和谐发展的感触,以及用实际行动为创造祖国大家庭更加美好明天而努力的决心。
2."创业之星"征文比赛
(1)目的:通过在校生采访创业有成毕业生的活动,引导学生从身边的事例中理解"有志者事竟成"的真谛,在训练自己适应社会、融入社会的能力的同时,深入了解职业、了解社会,增强创业意识、树立创业精神。宣传中职毕业生"以创业带动就业"先进典型,引导学生感悟成才之路。
(2)内容和要求:参赛作品体裁不限,内容应突出中职毕业生的创业精神、业绩和采访者的感悟。参赛作品既可以写创办企业的狭义创业,也可写事业有成、岗位成才的广义创业。材料必须真实,要插入创业者本人有职业场景的照片。本项比赛可由2~3名学生合作采访和参赛。
3."资助政策助我成才"征文比赛
(1)目的:通过学生对国家中职生资助政策体系的切身感受,理解资助政策与落实科学发展观、构建社会主义和谐社会的关系,增强学生对所学专业和即将从事的职业的热爱,树立"三百六十行,行行出状元"的观念,珍惜在校学习生活,努力提高自身素质,决心立志成才、回报社会。
(2)内容和要求:参赛作品体裁不限,内容应结合家庭和自己的切身感受,结合自己所学专业,以小见大、以近及远,谈及对国家政策的理解,体现真情实感与积极向上的精神。
4."我身边的诚信"征文比赛
(1)目的:通过社会实践、行业调研、实训实习深入职业生活的多种活动,引导学生捕捉身边有关诚信的生动事例,理解以诚信、敬业为重点的职业道德在经济社会发展和个人职业生涯发展中的作用。
(2)内容和要求:参赛作品体裁不限,内容应在写出身边翔实、生动的诚信事例或反面例证的基础上,有归纳、有提炼、有升华,写出加强以诚信、敬业为重点的职业道德建设,既是构建和谐社会、促进经济社会可持续发展的必要举措,也是个人有一个成功的职业生涯的必要手段。

(二)设计类项(1项)

"职业生涯规划"设计比赛。规划设计要图文并茂(插图必须紧扣规划内容,少用或不用装饰图),3000字左右,A4纸、4号字打印(不具备打印条件的可以手写手绘),要根据自己的设计思路命题。

(1)目的:发挥中等职业教育课程改革国家规划新教材《职业生涯规划》的主渠道作用,加强职业生涯教育。充分调动各方面积极性,以职业生涯规划为载体,开展丰富多彩的德育活动。通过组织学生参加职业生涯规划设计活动,强化职业意识、职业理想、职业道德和成才观、就业观、创业观教育,引导学生以"成功者"的心态,形成提高自身素质、拼搏向上的动力。

(2)内容要求:能从职业的角度了解自己、了解社会,从本人条件、发展需要和经济社会、行业发展需要出发,分析到位、目标实在、台阶合理、措施翔实。能处理好"人选职业""职业选人"的辩证关系,有"兴趣能培养、性格能调适、能力能提高"做个性主人的措施,有珍惜在校生活,以即将从事的职业对从业者的要求为标准提高自身素质的安排,追求职业生涯的可持续发展。

(三)摄影类(1项)

"职业和生活中的美"摄影比赛。

(1)目的:引导学生在围绕"职业和生活中的美"的主题捕捉瞬间的过程中,加深对职业美、生活美的感悟,加深对行行出状元、和谐社会的理解。在捕捉美的过程中,学会感受美、欣赏美、理解美、创造美。

(2)内容要求:照片命题画龙点睛、寓意深长。通过画面,表现中职生对祖国、对即将从事的职业的爱,表达对劳动者风采的欣赏,体现中职生自尊、自信、自强、拼搏、向上、敬业、乐群的青春风采,反映人与人、人与职业、人与社会、人与自然的和谐美。

参赛作品以单幅照片形式参赛,彩色、黑白放大和数码激光输出的图片,均可参赛。不收组照,不收数字文件、反转片和底片。参赛作品不可进行电脑合成,可以使用画图软件或其他手段进行照片的尺寸、对比、明暗、色彩的调整。比赛照片规格5~10英寸;宽幅底片记录照片边长为10英寸。

(四)FLASH动漫类(2项)

1."荣与辱"动漫比赛

(1)目的:通过引导学生有意识地捕捉现实生活中有关荣与辱的典型事例,对所观所闻加以提炼,表达自己对做人、做事的认识,加深对荣辱观的理解。

(2)内容和要求:内容要以现实生活中的荣与辱的具体事例为基础,既可以是荣与辱对比的两个事例,形成强烈反差,也可只从荣或辱的一个事例出发,用动漫形式表达所感所悟。

2."生命·安全·和谐"动漫比赛

(1)目的:通过珍爱生命、健全人格、注重安全的教育,引导中职生树立安全意识、环境意识、效率意识、廉洁意识,感悟生命的宝贵,感悟安全第一对和谐社会构建的重要作用。

(2)内容和要求:结合安全教育、预防艾滋病、毒品预防、环境教育、廉洁教育等专题教育,以动漫形式表达珍爱生命的理念,内容要有故事情节,既可以从正面表达,也可以从反面表述,要有利于加强中职生对生命、人格、安全的认识和理解。

上述两项动漫比赛,内容上,要求注重内涵,主题清晰,以幽默、诙谐的画面表达作者对主题的感受;手法上,可通过写实、比喻、象征、假借、夸张、寓意、点睛等手法,借以歌颂、讽刺或批评;形式上,要求角色形象符合主题,动作能表意,声音清晰,配乐能衬托、强化画面寓意。技术上,要求使用 FLASH 制作,swf 格式输出,载体为光盘,每个作品大小原则上不超过 10M(源文件大小不限),动画作品时间不超过 3 分钟。

本类竞赛可由 2～3 名学生合作集体参赛。每张光盘只能有一个作品。光盘中除参赛作品外,还应有作品源文件和 500 字以内的构思说明 WORD 文稿。作品片头除标题外,要注明学校全名和参赛学生、指导教师姓名。作品片尾须注明"全国中等职业学校'文明风采'参赛作品"。光盘正面用记号笔注明作品标题、学校所在省(区、市)、校名和作者姓名。

(五) 展示类比赛(2 项)

1."心绣未来"演讲比赛

(1)目的:通过声情并茂的演讲,加深中职生对参赛作品体现"文明风采"竞赛主题,即"弘扬民族精神,树立职业理想"的理解,提高中职生的表达能力,培养中职生对真善美的热爱,表现中职生对美好未来的追求。

(2)内容和要求:演讲内容以参赛学校往届征文类获奖作品或本届征文类参赛作品为依据,由作者本人或其他中职在校生演讲,可依据演讲需要,由演讲者对原稿适度修改。由作者本人演讲的,评选时加分。本项比赛的获奖证书,颁发给演讲者。演讲要求观点正确,声音清晰明亮,使用普通话;语言生动流畅,感情真挚朴实,态势自然得体。

演讲时间不超过 10 分钟,演讲开始时,报出作品题目、来源(何届、何项比赛)、校名、作者姓名和演讲者姓名。录制可由常用软件打开的视频文件,刻成光盘参加评比。

2."职业礼仪"表演比赛

(1)目的:发挥中等职业教育课程改革国家规划新教材《职业道德与法律》的主渠道作用,引导学生结合所学专业和即将从事的职业对从业者的要求,提高塑造自我形象的能力与合作能力,养成符合职业需要的礼仪习惯,培养学生团队精神。

(2)内容和要求:本项比赛是集体展示项目。内容要符合礼仪基本规范,要有职业特点;形式不限,要为内容服务,表演应生动活泼,富有青春活力、时代精神,能让人感受美、享受美,并能在美的欣赏中得到启迪;表演要体现合作和团队精神。

展示时间不超过 10 分钟。表演开始时,报出节目名称和参赛单位。每个表演,录制可由常用软件打开的视频文件,刻成光盘参加评比。

上述两个展示类参赛项目,每张光盘只能有一个作品。片头除标题外,要注明学校全名和指导教师姓名,演讲作品要注明作者、演讲者姓名。光盘正面用记号笔注明作品标题、学校所在省(区、市)、校名。

附录三

省教育厅、省文明办、团省委
关于开展第二届江苏省中等职业学校
"文明风采"大赛暨组织参加第七届全国大赛的通知

苏教职（2010）27号

各市教育局、文明办、团委：

根据教育部办公厅、中央文明办秘书组、共青团中央办公厅、中华职业教育社《关于组织开展第七届全国中等职业学校"文明风采"竞赛活动的通知》（教职成厅函〔2010〕11号）文件精神，经研究，决定举办第二届江苏省中等职业学校"文明风采"大赛活动。现将省级大赛有关事项通知如下：

一、大赛项目

与第七届全国中等职业学校"文明风采"竞赛项目相同，共五类十项，见附件2。

二、参赛对象

全省中等职业学校学生和五年制高等职业技术学校前三年学生。

三、大赛形式

1. 学校初赛。以学校为单位组织校内初赛，按参赛作品总数的20%~30%推荐优秀作品参加全省大赛。

2. 省级比赛。省大赛组委会组织评比，设置奖项，按参加省赛作品总数的一定比例选拔优秀作品报送参加全国大赛。

四、作品及材料报送要求

1. 建立数据库。根据教育部文件要求，参赛学校按参加省级大赛的比赛项目分别建立数据库。数据库模板使用须知见附件3，数据库可从江苏职教网（www.jsve.edu.cn）本通知电子版下载。

2. 作品包装。为便于全省和全国大赛评委会多轮评审，设计、征文类参赛作品只收纸质文本，照片必须洗印，FLASH动漫类按参赛项目分别刻光盘。每件作品均附"参赛作品评选签单"（见教育部文件附表1）：设计、征文类作品在首页前粘贴或钉装；摄影类作品用双面胶粘于照片后；FLASH动漫类作品装在光盘袋中，请切勿直接在光盘上粘贴标签。参加省级大赛的作品按项目分别封装（最多10个袋子），每个封装袋贴上"省级复赛作品封装单"（见教育部文件附表2），最后统一装入标有学校名称的大袋。

3. 作品报送。为保证作品安全运送，请以快递方式，于6月25日前邮寄给省大赛组委会秘书处（时间以邮戳为准），也可直接递交。地址：南京市北京西路77号教育科研楼1012室江苏省教育科学研究院职业教育与终身教育研究所，邮编210013。联系人：何懿雪、孙震，联系电话：025-83758247。

4. 参赛费用。根据全国竞赛统一要求，每件参赛作品交参赛费20元，费用由学生所在学校承担并统一支付。按推荐参加省赛作品总数经银行划拨至：江苏双元教育培训中心，开户行：上海浦东发展银行南京市北京西路支行，帐号：93060155260000268，须注明"XXX学校'文明风采'参赛费"字样。汇款总额应与本校参加省级大赛作品总数相符，并及时将汇款凭证传真至省大赛组委会秘书处，电话/传真：025-83758247。

5. 数据库和学校参赛工作总结报送。数据库和学校参赛工作总结（工作总结撰稿要求见教育部文件）打包后于6月25日前以电子文本形式发往省竞赛组委会指定电子邮箱（jswmfc@163.com），文件均以学校名命名。如不提交数据库和工作总结，则视为弃权。

五、奖项设置

1. 学生奖：每项设一、二、三等奖和优秀奖，"职业礼仪"表演为集体项目，表演人数不限，按获奖等级发集体奖。

2. 教师指导奖：对部分优秀作品的指导教师颁发教师指导奖。

3. 组织奖：表彰对象为参赛学校，依据学校参加省级大赛的作品质量、数量以及组织过程中的德育工作成效评选。

获奖单位和个人由第二届江苏省中等职业学校"文明风采"大赛组委会颁发获奖证书。

六、组织领导

本届大赛由省教育厅、省文明办、团省委共同主办,省教育科学研究院承办。大赛组委会秘书处设在省教育科学研究院职业教育与终身教育研究所(职业教育与社会教育课程教材研究中心)。大赛组委会成员名单见附件1。

七、相关要求

1. 请各市教育局、文明办、团委高度重视此项工作,加强领导,广泛动员,督促本地职业学校把"文明风采"大赛活动作为深化中等职业学校德育实践的重要工作抓实、抓好。

2. 各校应明确有关职能部门和专人负责此项工作。建立相关处室和共青团组织的协调机制,围绕竞赛主题开展丰富多彩的德育实践活动,把"文明风采"竞赛与和谐校园建设有机结合,形成富有职教特色的德育工作整体合力和生动活泼的德育氛围。

附录四

省教育厅关于举办2011年 江苏省职业学校技能大赛的通知

苏教职(2011)1号

各市教育局：

为充分展示职业教育创新改革发展的成果，集中展现职业学校师生的风采，努力营造全社会关心、支持职业教育发展的良好氛围，更好地为我省经济建设和社会发展服务，经研究，定于3月下旬举办2011年江苏省职业学校技能大赛。现将有关事项通知如下：

一、大赛时间

大赛时间：2011年3月24日—3月30日。报名截止时间：2011年3月2日。各项目竞赛地点另行通知。

二、组织领导

本次大赛由省教育厅主办，江苏省职业技术教育学会承办。成立大赛组织委员会（名单详见附件1），组委会办公室设在江苏省职业技术教育学会秘书处。

三、竞赛项目及参赛对象

本次大赛共设12个类别60个竞赛项目（详见附件2）。各竞赛项目分中职学生组、高职学生组、教师组三个组别。中职学生组参赛对象为中等职业学校在校生及五年制高职一至三年级学生（1990年之前出生的学生原则上不得参赛）；高职学生组参赛对象为五年制高职四至五年级学生；教师组参赛对象为中、高等职业学校在编教师或已连续聘用三年以上的在聘教师（即2008年9月以前在聘教师）。获2009年、2010年教师组一等奖的教师不得参加同一项目2011年度竞赛。

江苏联合职业技术学院一、二年级在校生另组队同时参加相应项目的技能操作交流表演，每项目一般为团体项目2组，个人项目3人，不评奖、不排名、不计入总分。

四、竞赛命题与发证

本次大赛根据教育部颁布的职业学校相关专业目录和教学指导方案，参照国家职业标准或行业标准，由大赛组委会组织专家命题。命题难度原则上以国家职业标准高级（职业资格三级）为标准，中职组、高职组、教师组分别命题。命题范围详见《2011年江苏省职业学校技能大赛各专业大类项目实施方案》（另行公布）。

符合颁证条件的竞赛项目，由相关行业协会颁发相应的行业证书。

五、奖项设置

1. 参赛选手奖

根据竞赛成绩，从高到低排序，按参赛人数的10%设一等奖，20%设二等奖，30%设三等奖。

参加中职组比赛的中等职业学校学生可享受普通高校对口单独招生相应的奖励政策，但必须按时参加对口单独招生报名和考试，具体奖励政策及实施办法详见《省教育厅关于做好2010年普通高校对口单独招生工作的通知》（苏教职〔2009〕49号）文件；参加中职组比赛的五年制高职学生、参加高职组比赛的学生不享受普通高校对口单独招生奖励政策。

2. 指导教师奖

对获得一、二、三等奖选手的指导教师颁发相应证书。

3. 团体优胜奖

团体优胜奖分别以省辖市和职业学校为单位设置，根据其选手在省赛和全国竞赛中获得奖项的等次和数量计算总分，进行排序。市团体优胜奖取前6名，学校团体优胜奖取前20名，对单一专业大类竞赛取得优异成绩的学校颁发专业优胜奖。

根据省级比赛的结果，将选拔部分专业优秀选手代表我省参加2011年全国职业院校技能大赛。

六、组队与报名

各市教育部门负责参赛选手的资格审查。各市教育局指定一名同志负责大赛报名工作,并先期参加报名系统操作培训(具体培训事宜另行通知)。各市必须于3月2日前将参赛选手材料报至大赛组委会办公室(大赛网络报名系统将于3月2日24时关闭)。材料不全或逾期报送的,不予受理。

参赛选手需提供如下资料:中职、高职学生组及教师组参赛选手均由各市教育局职社处统一网上报名,并向大赛组委会提供免冠正面大一寸照片3张,盖章确认的纸质报名表(附件3)和汇总表(附件4);教师组参赛选手须另提供如下纸质材料:教师在编(或连续聘用三年以上)证明,身份证复印件,现有职业资格等级证书复印件。报名参加电工电子类机电一体化设备的组装与调试、电器安装与维修及制冷空调设备组装与调试项目的师生均需提交电工上岗证复印件或职业资格等级证书复印件。

七、大赛经费及其他安排

1. 本届大赛经费由主办单位和各赛点承办及协办单位共同筹集。
2. 大赛统一安排食宿,费用自理。
3. 大赛期间各赛点的比赛场地、市内交通等,由承办单位提供。

二〇一一年一月十五日

附录五

省教育厅、省科协、省文明办、团省委、省知识产权局关于举办 2010 年江苏省职业教育创新大赛的通知

苏教职（2010）14 号

各市教育局、科协、文明办、团市委、知识产权局：

为深入学习贯彻科学发展观，弘扬创业、创新、创优的江苏精神，省教育厅、省科协、省文明办、团省委、省知识产权局等五部门决定，在成功举办三届职业教育创新大赛的基础上，举办 2010 年江苏省职业教育创新大赛。现将有关事项通知如下：

一、大赛宗旨

加强职业学校学生创新意识、创新思维、创新能力的培养，服务和推动创新型省份建设。

二、组织机构

大赛由省教育厅、省科协、省文明办、团省委、省知识产权局等五部门共同主办；由江苏省青少年科技中心、省教科院职业教育和终身教育研究所共同承办。大赛由组委会统筹领导（组委会成员名单见附件1），组委会下设秘书处、评审委员会和仲裁委员会。大赛秘书处设在江苏省青少年科技中心。

三、参赛对象

参赛对象分中职组和高职组 2 个组别。中职组为三年制中等职业教育在校学生，高职组为

五年制高等职业教育在校学生。

四、参赛作品

参赛作品按大类专业、形态类型分类,要求以实物、产品形式呈现。

五、大赛工作进程

1. 3月—9月,各地举行创新大赛,选拔优秀作品。
2. 9月20日—25日,各大市报送参赛作品的资料。
3. 10月上旬,公布初审结果和参加展品会、答辩作品名单。
4. 10月下旬,举办创新大赛展评会并答辩。
5. 11月上旬,公示评审结果。
6. 12月中旬,公布获奖结果。

六、上报材料

为规范作品申报程序,提高学生综合素质,参赛作品申报时需提供下列资料:1、作品申报表;2、创新作品(项目)查新报告;3、创新作品的文字说明,说明中应包括参赛作品与已有专利或产品的不同之处,即参赛作品的新颖性介绍;4、创新作品的完整的结构图、原理图、电子线路图等相关资料。

以上材料合订成申报材料一式二份寄至大赛组委会办公室,并发所有材料的电子文档发送到 jss100@163.com。

上报材料如不符合上述要求,不予评审。

七、奖项设置

1. 学生奖:按中职组和高职组,分别设一、二、三等奖和优秀奖。一等奖数不超过参赛人数的5%、二等奖数不超过10%、三等奖数不超过10%,优秀奖数不超过25%。
对特别优秀的发明作品可颁发特别奖。
2. 教师伯乐奖:对部分获奖作品的指导教师颁发伯乐奖。
3. 最佳组织学校奖和最佳组织单位奖:表彰依据参赛的组织规模、送审作品质量及申报时间、申报材料是否规范等情况评定。

组委会将从获奖作品中选择一批有代表性的作品,集中展示,推进创新教育的深化开展。

获奖学生的获奖成绩计入学生在校的成绩(学分),指导老师的工作计入本人年度工作量,学校应予以奖励。

八、大赛经费及其他安排

大赛相关经费由主办单位筹集。大赛免收参赛学生报名费及评审费。入围参加答辩的选手答辩期间食宿费用原则上由学校承担。

大赛作品申报表、《江苏省职业教育创新大赛作品申报及评审办法》、《江苏省职业教育创新大赛作品学科分类及认定标准》、《江苏省职业教育创新大赛免责申明》及大赛相关信息均在江苏省青少年科技教育网上查阅和下载,网址为:http://www.jsve.edu.cn/、http://www.js5461.org/。

职业教育创新大赛是提高全民创新意识、创新能力,建设创新型省份的重要组织部分,是青少年思想道德建设的重要内容,是培养创新型技能人才的重要举措。各有关部门要充分认识举办创新大赛的重要意义,加强领导,通力协作,精心组织,积极做好大赛各项工作。各级科协组织要主动与相关部门和学校联系,加强职业学校创新教育的指导,做好大赛的具体工作。各职业学校积极营造创新教育氛围,深化课程改革,将创新教育贯穿于人才培养的全过程,培养学生的创新意识和创新能力,鼓励和支持学生参加创新大赛。

二○一○年三月十日

附件1：

2010年江苏省职业教育创新大赛组织委员会名单

主 任 委 员：杨湘宁　省教育厅副厅长
　　　　　　吴国彬　省科协副主席
　　　　　　韩松林　江苏省文明办副主任
　　　　　　沈海斌　团省委副书记
　　　　　　黄志臻　省知识产权局副局长
委　　　员：尹伟民　省教育厅职业教育处处长
　　　　　　刘克勇　省教育厅职业教育处副处长
　　　　　　严道明　省青少年科技中心主任
　　　　　　屠　法　省文明办未成年人思想道德建设处副处长
　　　　　　林凤勇　团省委学校部副部长
　　　　　　张春平　省知识产权局规划处处长
　　　　　　马成荣　省教科院职业教育与终身教育研究所副所长
秘书处主任：严道明　省青少年科技中心主任（兼）
副 主 任：黄海鸥　省青少年科技中心
　　　　　　马万全　省教育厅职业教育处

大赛办公室地址：南京市湖北路85号407室　　　邮编：210009
联系电话：025-83212026
联系人：黄海鸥、王鲁中　大赛使用E-mail：jss100@163.com
大赛使用网络：江苏职教网http://www.jsve.edu.cn/
　　　　　　　江苏省青少年科技教育网http://www.js5461.org/

附件2：

江苏省职业教育创新大赛作品申报及评审办法

一、申报程序

凡申请参加江苏省职业教育创新大赛的参赛作品必须是参加所在市市级职业教育创新大赛，各市参赛作品由市级大赛组委会集中申报。

二、市级竞赛

市级竞赛是全省竞赛的组成部分，各市应成立相应的竞赛委员会。市级竞赛应参照省竞赛的规则举行，推荐参加省竞赛的作品必须符合省竞赛的要求。市级竞赛组委会在推荐上报作品时，应上报当年市级竞赛的获奖名单及市级竞赛的组织情况。

作品材料申报时间为每年9月10日—15日，通过省级初评的作品由省竞赛委员会通知送交作品实物，并参加现场答辩。

各市在报送参赛作品材料前，须认真进行资格审查和初评，申报表"资格确认"栏目中无单位领导签字和盖章的不予报名参赛。

三、申报要求

参赛的发明与技术创新作品应符合《中华人民共和国专利法实施细则》中发明、实用新型和外观设计等有关规定；符合《江苏省职业教育创新大赛作品学科分类及认定标准》和本办法的有关要求。

围绕生活、生产、身边的技术，由学生本人独立（合作）构思、设计、制作完成，或在老师指导下完成的发明与技术创新的作品。作品应该具体化、产品化，即提供作品实物。

可以是：

1. 原始创新的作品。
2. 对现有技术、产品进行新组合的集成创新作品。
3. 对已有技术、产品在消化吸收的基础上再创新的作品。

不予参赛的作品：

1. 药品和食品；在研制和使用的过程中危及生命财产安全的作品；与国家现行法律和法规有抵触的作品。
2. 仅有发明创新意图但尚未形成发明实体的作品；已由他人发明并已申报专利的作品。
3. 计算机软件（含课件、教学软件）、计算机动画类作品不列入大赛评审范围。但使用计算机作为技术开发工具（指计算机控制、计算、辅助设计等）的创新成果或产品，可以参加评审。

参赛作品申报时需提供下列资料，包括：① 作品申报表（一）、（二）；② 创新作品项目查新报告；③ 创新作品的文字说明，说明中应包括参赛作品与已有专利和产品的不同之处的，即参赛作品的新颖性介绍；④ 创新作品的完整的结构图、原理图、电子线路图等相关资料；⑤ 以上所有资料的电子文档发送到 jss100@163.com。

以上①②③④项附件二份，以及相关证明材料。

四、评审原则及评审程序

（一）评审原则

评审依照"三自"和"三性"原则进行。

1. 三自：

作品的选题由学生自己提出和发现。

作品的设计中的创造性贡献部分由学生本人构思（通过观察、考察、实验等研究手段亲自获得）、设计和研究完成。

作品主要由学生自己动手制作完成。

2. 三性：

科学性：作品的选题与成果具有科学技术意义，技术设计方案合理，发明与创新过程符合科学性。

先进性：作品的新颖程度（指在申报日前没有同样的发明或创新的成果公开发表过和使用过）、先进程度、技术水平与难易程度的先进性。

实用性：指发明或创新的作品可以转化为产品，有可预见的社会效益、经济效益，有应用意义与推广前景。

参赛作品相关技术均不得向评委保密，必须按照申报要求向评审委员会提交全部必要的资料。参赛作品如已使用别人的已经注册的知识产权的部分，在申报时应予以说明出处。参赛作品的技术成果受到法律保护。大赛组委会负有对外保密责任。

如发现资格不符合规定、弄虚作假、剽窃他人成果、不能如实申报相关材料和主动声明引用他人技术成果者，将取消其参赛资格，直到收回其所获名次和奖励。

（二）评审程序

参赛学生申报作品材料，由各市大赛组委会统一评审后，按分配名额（见附件6）将作品材料上报省大赛秘书处。省大赛秘书处将根据学科专业，分类后交评审委员会专家进行筛选，选出一批设计新颖、构思巧妙、具备一定创新价值的作品，参加第二阶段的现场答辩和作品展示活动。

现场答辩：通过答辩，了解参赛人对自己的作品的参与程度以及对作品所涉及知识的掌握情况，明确参赛人在作品的研制过程中的贡献程度。通过现场答辩把真正以学生为主完成的优秀作品评审出来。

五、申诉和仲裁

1. 参赛选手或学校对评审可以提出异议，但申诉需通过代表队领队或各市竞赛委员会，按照时限（7日内）用书面形式向仲裁委员会提出。仲裁委员会将认真负责的受理申诉，并将处理意见通知申述人。

2. 仲裁委员会的裁决为最终裁决，参赛选手不得因申诉或对处理意见不服影响竞赛，否则按弃权处理，不予获奖。

六、附则

（一）知识产权保护

1. 参赛者申报的作品不得侵犯其他任何第三方的专利权、著作权、商标权、名誉权或其他任何合法权益。

2. 参赛者申报的作品所包含的任何文本、图片、图形、音频和/或视频资料均受版权、商标和/或其他财产所有权法律的保护，未经参赛者同意，上述资料均不得在任何媒体直接或间接发布、播放、出于播放或发布目的而改写或再发行，或者被用于其他任何商业目的；但对参赛作品内容摘要汇编和科学幻想绘画的出版、发行和参赛作品内容公益性宣传的权利属于大赛主办方。

（二）免责声明

1. 对于因不可抗力或不能控制的原因影响到江苏省职业教育创新大赛，大赛主办方不承担任何责任，但将尽力减少因此而给参赛者造成的损失和影响。

2. 为了维护参赛者的合法权益，大赛组委会建议参赛者在参赛前向有关部门申请知识产权方面的保护，否则，由此给参赛者造成的损失，大赛主办方不承担任何法律责任。

3. 因参加江苏省职业教育创新大赛而产生的一切法律后果（包括但不限于侵犯第三人专利权、著作权、商标权、肖像权、名誉权和隐私权等）由其自己承担，大赛主办方对此不承担任何法律责任。

（三）参赛者向主办方提交申报后即表示其完全按照本规则参加江苏省职业教育创新大赛的活动，其所有的参赛行为都受本规则的约束。

参赛学生、指导教师及学校、家长等必须服从评委会的决议，否则取消获奖资格。

（四）所有参赛作品材料及相关信息一经提交恕不退还。

本办法由江苏省职业教育创新大赛组织委员会负责制定、修订和解释。

附件3：

江苏省职业教育创新大赛作品学科分类及认定标准

按参赛对象的学籍分为中职组和高职组，中职组为三年制中等职业教育的在校学生，高职组为五年制高等职业教育的在校学生。按作品申报者人数分为个人作品和集体作品。按所研究的领域分为数学、物理学、化学、微生物学、环境科学、生物化学、医药与健康学、工程学、计算机科学、动物学、植物学、地球与空间科学、行为与社会科学等13个学科，涉及到多个学科时，按照多学科领域作品的学科类别认定的要求，重复填写三个以内的主要学科选项。

参赛作品的学科分类及认定标准如下。

一、学科分类

1. 数学（MA）——指形式逻辑或各种数字及代数计算的开发，以及这些原理的应用，包括微积分、几何、抽象代数、数论、统计学、复数分析、概率论等。

2. 物理学（PH）——指能量及其与物质作用的原理、理论和定律，包括固态物理、光学、声学、粒子、原子物理、原子能、等离子体、超导体、流体和气体动力学、热力学、半导体物理学、磁学、量子物理学、力学、生物物理学。

3. 化学（CH）——指对物质性质和组成以及其所依从的规律的研究，包括物理化学、有机化学（不含生物化学）、无机化学、分析化学、材料化学、塑料、燃料化学、杀虫剂、冶金学、土壤化学等等。

4. 微生物学（MI）——指有关微生物的生物学，包括细菌学、病毒学、原生动物学、真菌学、微生物遗传学等。

5. 环境科学（EV）——指对于（空气、水及土地资源）污染源及其控制的研究、生态学等。

6. 生物化学（BI）——指生命活动进程中的化学，包括分子生物学、分子遗传学、光合作用、血液化学、蛋白质化学、食物化学、激素等。

7. 医药与健康学（ME）——指对于人类及动物的疾病和健康的研究，包括牙科学、药理学、病理学、眼科学、营养学、公共卫生学、儿科学、皮肤学、过敏反应、语言与听力等。

8. 工程学（EN）——指技术，直接将科学原理应用于生产及实际应用的作品，包括土木工程、机械工程、航空工程、化学工程、电气工程、摄影工程、音响工程、汽车工程、船舶工程、制热与制冷工程、交通运输工程、环境工程等。

9. 计算机科学（CS）——指计算机硬件和软件工程设计与开发，包括互联网技术及通信、计算机制图技术（包括人性化界面），仿真/虚拟现实技术，计算科学（包括数据结构、加密技术、编码及信息理论）的等等。

10. 动物学（ZO）——指对动物的研究，包括动物遗传学、鸟类学、鱼类学、爬虫学、昆虫学、动物生态学、古生物学、细胞生理学、生理节律学、畜牧学、细胞学、组织学、动物生理学、无脊椎动物神经生理学、无脊椎动物研究等。

11. 植物学（BO）——指植物生命的研究，包括农业科学、农业经济学、园艺学、林学、植物分类学、植物生理学、植物遗传学、植物溶液培养、海藻等。

12. 地球与空间科学（ES）——包括地质学、矿物学、地貌学、海洋学、气象学、气候学、天文学、洞穴学、地震学、地理学等。

13. 行为与社会科学（SO）——指通过观察和实验来研究人和动物行为与反应，人类社会中的个人之间、个人与社会之间的关系的科学，包括社会学、人类学、心理学、考古学、教育学、动物行为学、人种学、语言学、城市问题等。

二、涉及多学科领域作品的学科类别认定

1. 涉及制作和设计的作品：作品的主要内容是设计和制作，作品应属于工程学；作品虽是设计和制作，但目的是用其收集获得了数据，并进行了分析，则该作品应属于所进行分析和研究的学科。

2. 涉及动植物生活环境的作品：作品研究的是河流或池塘中的动植物生活环境，则不属动植物学而应属环境科学。

3. 涉及动植物化石的作品：作品研究的是史前植物化石，应属植物学；作品研究的是史前动物化石，应属动物学；作品研究的是地质年代，应属地球与空间科学；作品研究的是贝壳化石的化学组成，应属化学。

4. 涉及火箭及飞行器的作品：如作品研究的是火箭及飞行器燃料，应属化学；作品研究的是使用火箭及飞行器作为气象仪器的运载工具，应属地球与空间科学；作品研究是计算火箭及飞行器的轨道，应属物理学；作品研究的是火箭及飞行器加速度对小鼠的影响，应属医学与健康学。

5. 涉及遗传学的作品：如作品研究的是DNA，应属生物化学；作品研究的是植物杂交遗传，应属植物学；作品研究的是大肠杆菌的遗传学，应属微生物学。

6. 涉及维生素的作品：如作品研究的是机体对维生素如何处理，应属生物化学；作品研究的是有关维生素的分析，应属化学；作品研究的是维生素缺乏的影响，应属医学与健康学。

7. 涉及晶体学的作品：如作品研究的是晶体的组成，应属化学；作品研究的是晶体的对称性，应属数学；作品研究的是晶格的结构，应属物理学。

8. 涉及语言和听力的作品：如作品研究的是阅读障碍，应属社会科学、作品研究的是助听器，应属工程学；作品研究的是失语症应属医学与健康学。作品研究的是语音，应属物理学。作品研究的是耳的结构应属动物学。

9. 涉及放射能的作品：作品研究的是使用同位素跟踪，可以是生物化学、植物学、医学与健康学以及动物学；作品研究的是对放射能进行测量，可以是地球与空间科学或物理学；作品研究的是放射能监测仪器的设计和制作，应属工程学。

10. 涉及空间科学的作品：很多的作品涉及空间科学但并不归属与地球与空间科学。如失重对植物的影响，应属植物学；失重对人的影响，应属医学与健康学、开发一种封闭环境的太空舱系统应属工程学。

11. 涉及计算机的作品：如果计算机只作为工具使用，作品应属于其研究的学科领域。如使用计算机计算火箭轨道，应属物理学；计算某一无机化学反应的产热，应属化学；作为教学辅助工具使用，应属行为与社会科学。

附件4：

江苏省职业教育创新大赛参赛作品申报表

作品名称：　　　　　　　　　　　　　所属省辖市：

作者	姓名		性别		年龄		年级	
	参赛人组别	□中职组（三年制中等职业教育的在校学生） □高职组（五年制高职职业教育的在校学生）					学校负责人	
	学校全称						负责人电话	
	学校地址						邮编	
	合作参赛人	姓　名	性别	年龄	年级	姓名	性别	年龄	年级

指导教师	姓名	所在单位	职务或职称	电话或手机

资格确认	1. 本作品申报者均为在校学生。 2. 本作品是参赛人独立（合作）完成或在老师指导下完成。 3. 本作品所提供的申报材料是真实可信的。 4. 本作品的主要知识产权归学生所有。 指导教师(班主任)签名：　　　　　　学校学籍管理部门盖章 校长签名：　　　　　　签名日期：

附录

1. 作品学科类别:请在确认的专业上划"√",最多可复选三项
   - ☐ 数学
   - ☐ 物理学
   - ☐ 化学
   - ☐ 微生物学
   - ☐ 动物学
   - ☐ 植物学
   - ☐ 生物化学
   - ☐ 医药与健康
   - ☐ 工程学
   - ☐ 计算机科学
   - ☐ 环境科学
   - ☐ 行为与社会科学
   - ☐ 地球与空间科学
   - ☐ 其他

2. 作品所属类别:请在确认的类别上划"√"
   - ☐ 个人作品(作品由一人独立完成或在老师指导下独立完成)
   - ☐ 集体作品(作品由一人以上合作完成或在老师指导下合作完成)

3. 作品界定:请在确认的类别上划"√"
   - ☐ 原始创新的作品
   - ☐ 对现有技术、产品进行新组合的集成创新作品
   - ☐ 对已有技术、产品在消化吸收的基础上再创新的作品

作品名称	
作品选题是怎样确定的	
设计或研究该作品的目的基本思路	
研究过程简单叙述	
作品应用了哪些科学方法科学原理	
创新部分主要技术贡献	
他人同类研究成果的调查	
进一步完善该作品的设想	
集体作品中申报者各自的工作分工	
专利申请号及授权日期	申请号＿＿＿＿＿申请人姓名＿＿＿＿＿申请日期　年　月　日 批准号＿＿＿＿＿批准日期　　　　　　　年　月　日
申报作品所提供的材料	附件: ☐ 作品研究技术说明书(论文)＿＿＿＿件。 ☐ 作品附件(图纸、图表、调查问卷表等)＿＿＿＿件。 ☐ 作品数据光盘或软盘 ＿＿＿＿＿件。 总计:＿＿＿＿＿件。 说明:申报材料均可为复印件。
申报者确认事宜	我(们)确认所有申报资料属实。我(们)同意无偿提供作品申报资料授权主办单位无偿合理使用(包括公开出版等),不要求退还。同时本人亦享有公开发表该作品资料的权力。 　　我(们)服从大赛评委会的决议。 　　　　申报者签名:　　　　　　监护人签名:
项目摘要(限500字以内)	

表格不够可加附页。

附件5：

江苏省职业教育创新大赛参赛作品（项目）查新报告

项目名称：
项目作者：（第一作者）
　　　　　　（合作者）
指导教师：
学校：
查新完成日期：
申报者本人（包括合作者）的查新声明（签字）：

学校的查新证明（盖章）：
指导教师（签字）：
校长（签字）：

填写说明：
一、查新报告
查新报告是查新者用书面形式就查新情况及其结论所做的正式陈述。
二、查新报告格式说明
本报告采用A4纸，每栏的大小，可随内容调整。
三、报告内容应当打印；签字使用钢笔或者炭素笔
四、查新点与查新要求
查新点：是指需要查证的内容要点。
查新要求：
（1）通过查新，证明在所查范围内有无相同或类似研究；
（2）对查新项目分别或综合进行对比分析；
（3）对查新项目的新颖性作出判断
五、文献检索范围及检索策略
应当列出对查新项目进行分析后所确定的手工检索的工具书、年限、主题词、分类号和计算机检索系统、数据库、文档、年限、检索词等。
六、检索结果
检索结果应当反映出通过对所检数据库和工具书命中的相关文献情况及对相关文献的主要论点进行对比分析的客观情况。
检索结果应当包括下列内容：
① 对所检数据库和工具书命中的相关文献情况进行简单描述；

② 依据检出文献的相关程度；
③ 对所列主要相关文献进行简要描述（一般可用原文中的摘要或者利用原文中的摘要进行抽提），对于密切相关文献，可节录部分原文并提供原文的复印件作为附录。

七、查新结论

查新结论应当客观、公正、准确、清晰地反映查新项目的真实情况，不得误导。查新结论应当包括下列内容：
① 相关文献检出情况；
② 检索结果与查新项目的要点的比较分析；
③ 对查新项目新颖性的判断结论。

八、申报者本人、所在学校的查新声明

查新报告应当包括经申报者本人、所在学校及市级创新大赛主办单位签字的查新声明。声明的内容可以参考下面的内容进行撰写。
（1）报告中陈述的事实是真实和准确的。
（2）我们按照项目查新规范进行查新、文献分析和审核，并作出上述查新结论。

九、附件

附件主要包括密切相关文献的题目、出处以及原文复制件；一般相关文献的题目、出处以及文摘。

项目名称	

一、查新目的
　　申报江苏省职业教育创新大赛

二、查新项目的创新要点
　　（着重说明查新项目的主要特点特征、相关指标、应用范围、申报人自我判断的新颖性等）

三、查新点
查新点：（需要查证的内容要点、创新点）

四、文献检索范围及检索策略
文献检索范围：
范例：查新使用的数据库：
中国专利信息网(1985—2008)
注：条件较差的地区可使用百度、google 等搜索引擎进行相关检索
检索词及检索策略：
　　<u>检索词：</u>
范例：以下以"空巢"老人"关爱之星"网络服务平台构建项目为例
1. 空巢老人
2. 老年人
3. 老龄化
4. 急救
5. 紧急救助
6. 平安钟
7. 网络服务平台
8. 健康
　　<u>检索式：</u>
范例：
　　1.（空巢老人 or 老年人 or 老龄化）and　（急救 or 紧急救助）
　　2.（空巢老人 or 老年人 or 老龄化）and　健康 and 网络服务平台
　　3.（空巢老人 or 老年人 or 老龄化）and　平安钟

五、检索结果
　　按上述检索词，在以上数据库和文献时限内，查到一些与本课题有关的文献，提供附件(　　　　)份，现对附件摘述如下：
范例：
　　［题名］人口老龄化问题分析与对策
　　［作者］顾劲扬，励建安
　　［来源］南京医科大学学报（社会科学版）
　　［单位］南京医科大学第一临床医学院，南京医科大学第一临床医学院　江苏南京 210029
　　［摘要］21 世纪是人口老龄化的世纪，逐渐增多的老龄化人口带给人类社会的问题日益凸显"2000 年人人享有健康"赋予了每个人应有的权利，老年人也不例外。作者旨在通过对我国人口老龄化的现状、趋势及其根源的分析，研究老龄化问题对人类社会产生的深刻影响，从而探讨缓解人口老龄化矛盾的对策。

六、查新结论
　　经对检索出的相关文献进行分析、对比，结论如下：
范例：
　　文献 1：主要是针对江苏省、南京市老年人的健康状况与生活状况的调查研究。
　　文献 2-4：主要研究了……

续表

综上所述,我国在人口老龄化问题、空巢老人生活、健康状况以及医疗急救方面已有相关研究报道。但本课题的研究特点是: 1. 2. 3. 检索中未见与本课题相同的报道。

七、申报者本人、所在学校签字盖章的查新声明与证明
  1. 报告中陈述的事实是真实和准确的。
  2. 我们按照大赛查新规范进行查新、文献分析和审核,并做出上述查新结论。
  申报者(签字):   申报者所在学校(盖章):

八、附件清单
九、备注

附录六

省教育厅关于实施江苏省职业教育创业行动工程的意见

苏教职（2006）20 号

各市教育局、江苏联合职业技术学院：

为弘扬创业创新创优的江苏精神和自主创业、艰苦创业、全民创业的时代风尚，推进我省创新型省份建设，更好地服务富民强省和"两个率先"目标的实现，根据省政府《关于大力发展职业教育的决定》（苏政发[2006]26 号），"十一五"期间，我省将大力实施职业教育创业行动工程，全面深化职业院校（中等职业学校、联合职业技术学院各分院）创业教育。现制定实施意见如下：

一、深刻认识实施职业教育创业行动工程的意义

就业是民生之本，创业是民富之路。"九五"以来，我省职业教育努力适应经济结构调整的新形势，适应毕业生就业制度改革和就业渠道多元化的新要求，在全国率先开展就业指导与创业教育，有效地转变了学生的就业观念，增强了学生的创业意识和创业能力，涌现了一批学生创业典型，培养了大批创业型劳动者，既创造了职业院校创业教育的新鲜经验，对转变社会就业观念也产生了积极影响。当前，江苏经济社会发展进入了工业化转型、城市化加速、国际化提升、市场化完善的新阶段，自主创新能力已成为科学技术发展的战略基点和调整产业结构、转变增长方式的中心环节。经济的持续快速协调健康发展，对人力资源结构和素质提出了更高的标准；人民群众生活水平和生活质量的普遍提高，对提高劳动者职业技能、增强其就业和创业能力提出了新的要求。为努力培养新时期经济社会发展迫切需要的具有创造精神和创业能力的新型劳动者，职业教育要全面深化创业教育，切实提高职校在校生和广大城乡劳动者的创业意识、创业能力和创业本领，为江苏建设创新型省份、又快又好地推进"两个率先"作出新的贡献。

二、明确实施创业行动工程的目标任务

实施创业行动工程的指导思想：以邓小平理论和"三个代表"重要思想为指导，全面落实科学发展观，坚持爱国主义、集体主义、社会主义的思想道德基础，坚持以富民为主题、就业为导向、服务为宗旨、能力为本位的职教办学方向，全面深化职业院校创业教育，重点从创业知识传授转向创业实践锻炼，积极鼓励、引导职业院校在校生和城乡劳动者开展创业实践，着力培养一批具有创业勇气、创新锐气、创优志气的适需人才和一大批具有自主创新意识和能力的新型劳动者，为江苏建设创新型省份、又快又好地推进"两个率先"贡献职业教育应有的力量。

实施创业行动工程的主要目标任务：

1. "十一五"期间，在全省职业院校基本构建起具有职业教育特色的创业课程、创业实践和创业服务一体的创业教育体系。

2. 重点建设50个左右在全省具有示范作用的职业教育创业基地。

3. 积极推进职业院校创业实践，扶持一批学生在校创办自己的企业，到2010年，职业院校在校应届毕业生参与创业实践的人数达到应届毕业生总数的10%左右。

4. 普遍开展广大农民和城市下岗职工创业教育和培训。

5. 建立健全创业教育和创业服务机制，切实提高全省职业院校学生及广大城乡劳动者的创业素质和创业能力，掌握创业本领。

三、把握实施创业行动工程的关键环节

树立创业理念。各地教育行政部门、广大职业院校和培训机构要通过动员会、报告会，组织创业精神和创业实践大讨论等，形成职教富民的创业氛围，感受江苏以"三创"精神为代表的思想文化和历史使命，增强创业的责任感和自觉性。职业院校要把创业素质作为素质教育的重要内容，重点培养学生的创业意识、创业能力和创业胆识；大力宣传以邓建军为代表的职业教育优秀毕业生先进事迹，引导学生树立想创业、敢创业、会创业的自我心像，在切实提高学生自主创业、自我就业能力的同时，使他们具备为他人创造就业机会的意识和能力。乡镇成人教育中心校要逐步实现办学功能向农村社区教育的转变，在提高农民文化科技素质的同时，积极开展农民创业培训，帮助农村劳动力培养创新意识，学习创业知识，练就创业本领，参与省外境外劳务输出，变打工者为创业者，提高农村劳动力转移的成功率和稳定性。

开发创业课程。充分发挥课程的教育主渠道作用，建立创业教育课程体系。立足创业与专业相结合，进行专业梳理，明晰创业性强的专业，围绕创业要求，整体构建学习课程，增加有关创业的上下游延伸性课程和教学内容。在课程目标上，以新的创业型人才质量标准和培养目标为导向，加强课程体系、结构和内容的改革，努力培养既能就业又能创业的实用型、复合型、创业型人才；在课程内容上，重点加强学生创业意识与创业心理品质的训练与培养，着力进行创业能力

的培养与创业实务知识的传授；在课程形式上，做到学科课程与活动课程相结合，显性课程与隐性课程相结合，普遍制订学生创业辅导计划。各地各校要积极推进学分制和弹性学习制度的实施，为学习者在校工学结合和创业创造有利条件。

孵化创业项目。广大职业院校要面向社会和企业，积极承担行业课题，延伸教科研成果，孵化新生技术。要结合本校的专业教育资源积极开发成本少、风险小、操作易、立足实际生活的创业项目，每个项目应提供创业策划方案，包括市场状况、前景分析、运作方式、进货渠道、经营管理、开店技巧、店面设计等，指导学生开展创业实践。

建设创业载体。切实加强校内外创业基地建设，各校要结合专业建设创办小工厂、小农场、小园艺场、小养殖场、小商店等创业基地，把基地办成教师教学示范的场所、学生动手实践的阵地和创造经济效益的实体。学校已有产业实体要吸收部分学生参与生产、销售、经营与管理。要加大实训基地建设和改革力度，依靠基地育人，通过基地增效。各地各校要积极创造条件，建立学生创业一条街、创业市场或创业园区，让学生在创业服务体系的支持下边学习边创业。

开展创业实践。各地各校要定期、不定期举办不同级别、不同规模的创业竞赛，如创业生涯设计竞赛、创业知识竞赛等，在学生接受系统的创业教育的基础上，指导学生规划、设计创业计划，组织有创业意愿的学生进行强化模拟实践。学校要对创业可行性强的专业进行梳理，对有创业潜力的少数学生开展针对性指导，积极扶持学生进行形式多样的创业实践、加盟创业或无成本创业。对已毕业学生开展创业继续做好指导和服务工作。

四、加强实施创业行动工程的组织保障

加强领导。各级教育行政部门、广大职业院校要充分认识深化创业教育的重要性和必要性，将积极推进创业实践作为学校教育教学工作的重要内容，摆上重要位置。各地各校要成立就业指导和创业教育工作领导小组，统筹职成教资源，建立健全职成一体的创业指导和服务机构，主要领导亲自抓、分管领导重点抓、职能科室具体抓，层层落实，并根据职成学校开展创业教育和创业实践的需要，调整、完善、扩大现有招生就业机构的职能，明确职责，相关工作人员要成为学生创业的直接指导师。

营造氛围。各地要通过广播、电视、报刊和职业教育网络等媒体，广泛宣传各级政府出台的一系列创业扶持政策，帮助广大职业院校学生和城乡劳动者及时了解和掌握有关的优惠政策；大力宣传职业院校毕业生的优秀事迹、转移输出后的农村劳动力中积极创业的典型，引导和激发职校生的创业向往和创业激情；积极争取社会各界的理解和支持，在全社会形成崇尚创业的良好氛围。

政策扶持。各地教育行政部门要积极与工商、税务、卫生、公安等部门联系，为职业院校开展创业实践提供扶持政策，简化审批手续。有条件的职业院校应设立学生创业风险基金或学生创业奖励基金。

提供服务。积极构建产学研一体化的创业服务体系。有条件的职业院校教师应带领学生面向社会直接参与科研开发与技术服务，提高职教创新对工农业的贡献份额。对有创业条件和创业潜能的学生进行多种形式的创业辅导，提供创业基地、风险资金、实践岗位，义务配备指导

老师,并开展跟踪性的指导和服务。校内商业网点、设施或具备学生创业条件的其他设施、设备等应优先让学生承包或使其参与承包经营,学校门面房优先出租给学生进行创业实践。职业院校、乡镇成教中心和农科教示范基地要面向农村、面向农民,积极鼓励、扶持和引导学生及农民建立家庭养殖基地或科技实验园地。各地要充分发挥现有职业教育信息网络和农业信息服务网站的作用,建立人力资源库和劳动力市场信息库,加强就业、创业信息的收集、开发和利用,定期发布,为职校生和农村劳动力提供创业信息服务。